COMPENDIO

Catecismo
de la
Iglesia Católica

COMPENDIO

Catecismo de la Iglesia Católica

LIBRERIA EDITRICE VATICANA

Our Sunday Visitor
Huntington, Indiana

El logotipo de cubierta reproduce un detalle de una piedra sepulcral cristiana de las catacumbas de Domitila (Roma), que se remonta a finales del siglo III.

La imagen bucólica, de origen pagano, fue y es usada por los cristianos como símbolo del descanso y de la bienaventuranza, que el alma del difunto encuentra en la vida eterna.

La imagen sugiere también el sentido global del presente *Compendio*: Cristo, Buen Pastor, que con su autoridad (el cayado) guía y protege a sus fieles (la oveja), los atrae con la melodiosa sinfonía de la verdad (la flauta) y les hace reposar a la sombra del «árbol de la vida», su cruz redentora, que abre las puertas del paraíso.

Primera impresión, marzo de 2006
Impresión actual, 2023, publicado por OSV, Our Sunday Visitor, Inc.,
200 Noll Plaza, Huntington, IN 46750; www.osv.com; 1-800-348-2440

ISBN: 978-1-68192-957-6 (Núm. de inventorio T2876)

IMPRESO EN LOS ESTADOS UNIDOS

ÍNDICE GENERAL

Segunda Parte
LA CELEBRACIÓN DEL MISTERIO CRISTIANO

MOTU PROPRIO

para la aprobación y publicación
del ***Compendio***
del ***Catecismo de la Iglesia Católica***

A los Venerables Hermanos Cardenales, Patriarcas, Arzobispos, Obispos, Presbíteros, Diáconos y a todos los Miembros del Pueblo de Dios

Hace ya veinte años se iniciaba la preparación del *Catecismo de la Iglesia Católica*, a petición de la Asamblea extraordinaria del Sínodo de los Obispos, celebrada con ocasión del vigésimo aniversario de la clausura del Concilio Ecuménico Vaticano II.

Agradezco infinitamente a Dios Nuestro Señor el haber dado a la Iglesia este *Catecismo*, promulgado en 1992 por mi venerado y amado Predecesor, el Papa Juan Pablo II.

La gran utilidad y valor de este don han sido confirmados, ante todo, por la positiva y amplia acogida que el *Catecismo* ha tenido entre los obispos, a quienes se dirigía en primer lugar, como texto de referencia segura y auténtica para la enseñanza de la doctrina católica y, en particular, para la elaboración de catecismos locales. Pero una ulterior confirmación ha venido de la favorable y gran acogida dispensada al mismo por todos los sectores del Pueblo de Dios, que lo han podido conocer y apreciar en las más de cincuenta lenguas a las que, hasta el momento, ha sido traducido.

Ahora, con gran gozo, apruebo y promulgo el *Compendio* de este *Catecismo*.

Dicho *Compendio* había sido vivamente deseado por los participantes al Congreso Catequético Internacional de octubre de 2002, que se hacían así intérpretes de una exigencia muy extendida en la Iglesia. Acogiendo este deseo, mi difunto Predecesor decidió su preparación en febrero de 2003, confiando la redacción del mismo a una restringida Comisión de Cardenales, presidida por mí y ayudada por un grupo de expertos colaboradores. Durante el desarrollo de los trabajos, el proyecto de este *Compendio* fue sometido al juicio de los Eminentísimos Cardenales y los Presidentes de las Conferencias Episcopales, que en su inmensa mayoría lo han acogido y valorado favorablemente.

El *Compendio*, que ahora presento a la Iglesia Universal, es una síntesis fiel y segura del *Catecismo de la Iglesia Católica*. Contiene, de modo conciso, todos los elementos esenciales y fundamentales de la fe de la Iglesia, de manera tal que constituye, como deseaba mi Predecesor, una especie de *vademécum*, a través del cual las personas, creyentes o no, pueden abarcar con una sola mirada de conjunto el panorama completo de la fe católica.

El *Compendio* refleja fielmente, en su estructura, contenidos y lenguaje, el *Catecismo de la Iglesia Católica*, que podrá ser mejor conocido y comprendido gracias a la ayuda y estímulo de esta síntesis.

Entrego, por tanto, con confianza este *Compendio*, ante todo a la Iglesia entera y a cada cristiano en particular, para que, por medio de él, cada cual pueda encontrar, en este tercer milenio, nuevo impulso para renovar el compromiso de evangelización y educación de la fe que debe caracterizar a toda comunidad eclesial y a cada creyente en Cristo de cualquier edad y nación.

Pero este *Compendio*, por su brevedad, claridad e integridad, se dirige asimismo a toda persona que, viviendo en un mundo disperso y lleno de los más variados mensajes, quiera conocer el Camino de la Vida y la Verdad, entregado por Dios a la Iglesia de su Hijo.

Leyendo este valioso instrumento que es el *Compendio*, gracias especialmente a la intercesión de María Santísima, Madre de Cristo y de la Iglesia, puedan todos reconocer y acoger cada vez mejor la inagotable belleza, unicidad y actualidad del Don por excelencia que Dios ha hecho a la humanidad: Su Hijo único, Jesucristo, que es «el Camino, la Verdad y la Vida» (*Jn* 14, 6).

Dado en Roma, junto a San Pedro, el 28 de Junio de 2005, víspera de la Solemnidad de los Santos Apóstoles Pedro y Pablo, año primero de mi Pontificado.

Benedictus PP XVI

IC
XC

El icono de Cristo *Pantocrátor* (el que todo lo gobierna), de singular belleza artística, nos recuerda las palabras del Salmista: «Tu eres el más bello de todos los hombres, en tus labios se derrama la gracia» (*Sal* 45, 3).

San Juan Crisóstomo, aplicando al Señor Jesús esta alabanza, escribía: «Cristo estaba en la flor de la edad, en el vigor del Espíritu, y en Él resplandecía una doble belleza, la del alma y la del cuerpo» (*Patrología Griega* 52, 479).

Con su lenguaje figurativo, este icono constituye la síntesis de los primeros concilios ecuménicos, logrando representar tanto el esplendor de la humanidad como el fulgor de la divinidad de Jesús.

Cristo está revestido de una túnica roja, cubierta por un manto azul oscuro. Los dos colores recuerdan su doble naturaleza, mientras los reflejos dorados hacen referencia a la persona divina del Verbo. Del hombro derecho cae una estola dorada, símbolo de su sacerdocio eterno. El rostro, majestuoso y sereno, enmarcado por una tupida cabellera y circundado por una aureola que enmarca una cruz, lleva el *trigrama* «O Ω N» («El que es»), que remite a la revelación del nombre de Dios en *Éx* 3, 14. Arriba, a los lados del icono, se encuentran dos *digramas*, «IC – XC» («Iesus» – «Christus») que constituyen el título de la imagen misma.

La mano derecha, con el pulgar y el anular curvados hasta tocarse (que indican la doble naturaleza de Cristo en la unidad de la persona), es el gesto típico de bendición. La mano izquierda, por su parte, sostiene el libro del Evangelio, adornado con tres cierres, perlas y piedras preciosas. El Evangelio, símbolo y síntesis de la Palabra de Dios, tiene también un significado litúrgico, puesto que en la celebración eucarística se lee una perícopa sacada de él y se recitan las palabras de Jesús en la consagración.

La imagen, síntesis sublime de datos de la naturaleza y de símbolos, es una invitación a la contemplación y al seguimiento. También hoy, Jesús, por medio de la Iglesia, su esposa y cuerpo místico, continúa bendiciendo a la humanidad e iluminándola con su Evangelio, el auténtico libro de la verdad, de la felicidad y de la salvación del hombre.

En agosto del año 386, mientras se encontraba en el jardín de su casa, Agustín oyó una voz que le decía: «Toma y lee, toma y lee» (*Confesiones* 8, 12, 29). El *Compendio del Catecismo de la Iglesia Católica,* síntesis del Evangelio de Jesús, enseñado en la catequesis de la Iglesia, es una invitación a abrir el libro de la verdad y a leerlo, aún más a devorarlo, como hizo el profeta Ezequiel (cf *Ez* 3, 1-14).

Teófanes de Creta (1546), *Icono de Cristo,* Monasterio Stavronikita (Monte Athos). (Usado con permiso.)

INTRODUCCIÓN

1. El 11 de Octubre de 1992, el Papa Juan Pablo II entregaba a los fieles de todo el mundo el *Catecismo de la Iglesia Católica*, presentándolo como «texto de referencia»[1] para una catequesis renovada en las fuentes vivas de la fe. A treinta años de la apertura del Concilio Vaticano II (1962-1965), se cumplía de este modo felizmente el deseo expresado en 1985 por la Asamblea extraordinaria del Sínodo de los Obispos de que se compusiera un catecismo de toda la doctrina católica, tanto de la fe como de la moral.

Cinco años después, el 15 de Agosto de 1997, al promulgar la *editio typica* del *Catechismus Ecclesiae Catholicae*, el Sumo Pontífice confirmaba la finalidad fundamental de la obra: «Presentarse como una exposición completa e íntegra de la doctrina católica, que permite que todos conozcan lo que la Iglesia misma profesa, celebra, vive y ora en su vida diaria».[2]

2. En orden a un mayor aprovechamiento de los valores del *Catecismo* y para responder a la petición del Congreso Catequético Internacional de 2002, Juan Pablo II instituía en 2003 una Comisión especial, presidida por mí, como Prefecto de la Congregación para la Doctrina de la Fe, con el encargo de elaborar un *Compendio* del *Catecismo de la Iglesia Católica*, que recogiera una formulación más sintética de los mismos contenidos de la fe. Tras dos años de trabajo se preparó un *proyecto de compendio*, que fue enviado a consulta a los Cardenales y a los Presidentes de las Conferencias Episcopales. El *proyecto*, en su conjunto, obtuvo una valoración positiva por parte de la absoluta mayoría de cuantos respondieron. La Comisión, por tanto, procedió a la revisión del mencionado *proyecto* y, teniendo en cuenta las propuestas de mejora recibidas, redactó el texto final de la obra.

3. Tres son las características principales del *Compendio*: la estrecha dependencia del *Catecismo de la Iglesia Católica*, el estilo dialogal y el uso de imágenes en la catequesis.

Ante todo, el *Compendio* no es una obra autónoma ni pretende de ningún modo sustituir al *Catecismo de la Iglesia Católica*: más

1 Juan Pablo II, Const. ap. *Fidei depositum*, 11 de octubre de 1992.
2 Juan Pablo II, Carta ap. *Laetamur magnopere*, 15 de agosto de 1997.

bien remite a él constantemente, tanto con la puntual indicación de los números de referencia como con el continuo llamamiento a su estructura, desarrollo y contenidos. El *Compendio*, además, pretende despertar un renovado interés y aprecio por el *Catecismo*, que, con su sabiduría expositiva y unción espiritual, continua siendo el texto de base de la catequesis eclesial de hoy.

Como el *Catecismo*, también el *Compendio* se articula en cuatro partes, correspondientes a las leyes fundamentales de la vida en Cristo.

La primera parte, titulada «La profesión de la fe», contiene una oportuna síntesis de la *lex credendi*, es decir, de la fe profesada por la Iglesia Católica, tomada del Símbolo Apostólico, ulteriormente explicitado y detallado por el Símbolo Niceno-Constantinopolitano, cuya constante proclamación en la asamblea cristiana mantiene viva la memoria de las principales verdades de la fe.

La segunda parte, titulada «La celebración del misterio cristiano», presenta los elementos esenciales de la *lex celebrandi*. El anuncio del Evangelio encuentra, efectivamente, su respuesta privilegiada en la vida sacramental. En ella los fieles experimentan y dan testimonio en cada momento de su existencia, de la eficacia salvífica del misterio pascual, por medio del cual Cristo ha consumado la obra de nuestra redención.

La tercera parte, titulada «La vida en Cristo», presenta la *lex vivendi*, es decir, el compromiso que tienen los bautizados de manifestar en sus comportamientos y en sus decisiones éticas la fidelidad a la fe profesada y celebrada. Los fieles, en efecto, están llamados por el Señor Jesús a realizar las obras que se corresponden con su dignidad de hijos del Padre en la caridad del Espíritu Santo.

La cuarta parte, titulada «La oración cristiana», ofrece una síntesis de la *lex orandi*, es decir, de la vida de oración. A ejemplo de Jesús, modelo perfecto de orante, también el cristiano está llamado al diálogo con Dios en la oración, de la que es expresión privilegiada el *Padre Nuestro*, la oración que nos enseñó el mismo Jesús.

4. Una segunda característica del *Compendio* es su forma *dialogal*, que recupera un antiguo género catequético basado en preguntas y respuestas. Se trata de volver a proponer un diálogo ideal entre el maestro y el discípulo, mediante una apremiante secuencia de preguntas, que implican al lector, invitándole a proseguir en el descubrimiento de aspectos siempre nuevos de la verdad de su fe. Este género ayuda también a abreviar notablemente el texto, reducié-

ndolo a lo esencial, y favoreciendo de este modo la asimilación y eventual memorización de los contenidos.

5. Una tercera característica es la presencia de algunas imágenes, que acompañan a la articulación del *Compendio*. Provienen del riquísimo patrimonio de la iconografía cristiana. De la secular tradición conciliar aprendemos que también la imagen es predicación evangélica. Los artistas de todos los tiempos han ofrecido, para contemplación y asombro de los fieles, los hechos más sobresalientes del misterio de la salvación, presentándolo en el esplendor del color y la perfección de la belleza. Es éste un indicio de cómo hoy más que nunca, en la civilización de la imagen, la imagen sagrada puede expresar mucho más que la misma palabra, dada la gran eficacia de su dinamismo de comunicación y de transmisión del mensaje evangélico.

6. Cuarenta años después de la conclusión del Concilio Vaticano II y en el año de la Eucaristía, el *Compendio* puede constituir un ulterior instrumento para satisfacer tanto el hambre de verdad de los fieles de toda edad y condición, como la necesidad de todos aquellos que, sin serlo, tienen sed de verdad y de justicia. Su publicación tendrá lugar en la Solemnidad de los Santos Apóstoles Pedro y Pablo, columnas de la Iglesia universal y evangelizadores ejemplares en el mundo antiguo. Estos apóstoles vieron lo que predicaron, y dieron testimonio de la verdad de Cristo hasta el martirio. Imitémosles en su impulso misionero, y roguemos al Señor para que la Iglesia siga siempre las enseñanzas de los Apóstoles, de quienes ha recibido el primer anuncio gozoso de la fe.

Domingo de Ramos, 20 de marzo de 2005.

✠ Joseph Card. Ratzinger
Presidente de la Comisión especial

Esta espléndida obra maestra de la Adoración de los Magos (cf *Mt* 2, 1-12), representa la revelación de Jesús a todos los pueblos. La Encarnación es un don no sólo a la fe de María, de José, de las mujeres, de los pastores y de la gente sencilla del pueblo de Israel; sino también a la fe de estos extranjeros venidos del Oriente, para adorar al Mesías recién nacido y presentarle sus dones:

«Entraron en la casa; vieron al Niño con María, su Madre y, postrándose, le adoraron; abrieron luego sus cofres y le ofrecieron dones de oro, incienso y mirra» (*Mt* 2, 11).

Los magos son la primicia de los pueblos llamados a la fe, que se acercan a Jesús, no con las manos vacías, sino con la riqueza de sus tierras y de sus culturas.

El Evangelio de Jesús es palabra salvífica para la humanidad entera. Decía San León Magno:

«Todos los pueblos, representados por los tres magos, adoren al Creador del universo, y que Dios sea conocido no solamente en Judea, sino en toda la tierra, para que por todas partes en Israel, sea grande su nombre (cf *Sal* 75, 2)» (*Discurso 3 para la Epifanía*).

Esta primera parte del *Compendio* ilustra el encuentro entre Dios y el hombre y la respuesta de fe que la Iglesia, en nombre de toda la humanidad, da al don de la Encarnación redentora del Hijo de Dios y de su divina Revelación.

Gentile da Fabriano (1423), *La adoración de los Magos*, Galería de los "Uffizi" Florencia. (Fotografía por Scala/Art Resource, NY.)

PRIMERA PARTE

LA PROFESIÓN DE LA FE

PRIMERA SECCIÓN

«CREO» — «CREEMOS»

Esta miniatura presenta el ciclo completo de los seis días de la creación hasta la tentación de los primeros padres (cf *Gn* 1-3).

«Cuántas son tus obras Señor y todas las hiciste con sabiduría. La tierra está llena de tus criaturas. Ahí está el mar, grande y de amplios brazos, y en él el hervidero innumerable de animales, grandes y pequeños; por allí circulan los navíos y Leviatán que tú formaste para jugar con él. Todos ellos de ti están esperando que les des la comida a su tiempo; tú se lo das y ellos lo toman, abres tu mano y se sacian de bienes. Bendice alma mía al Señor» (*Sal* 104, 24-28. 35).

La Iglesia, en la Vigilia pascual, alaba al Señor por la obra aún más admirable de la redención de la humanidad y del cosmos:

«Dios todopoderoso y eterno, admirable siempre en tus obras; que tus redimidos comprendan cómo la creación del mundo, en el comienzo de los siglos, no fue obra de mayor grandeza que el sacrificio pascual de Cristo en la plenitud de los tiempos. Por Jesucristo nuestro Señor».

Biblia de Souvigny, *Miniatura sobre los días de la Creación*, Moulins, Biblioteca Municipal. (Fotografía por Erich Lessing/Art Resource, NY.)

1. ¿Cuál es el designio de Dios para el hombre?

Dios, infinitamente perfecto y bienaventurado en sí mismo, en un designio de pura bondad ha creado libremente al hombre para hacerle partícipe de su vida bienaventurada. En la plenitud de los tiempos, Dios Padre envió a su Hijo como Redentor y Salvador de los hombres caídos en el pecado, convocándolos en su Iglesia, y haciéndolos hijos suyos de adopción por obra del Espíritu Santo y herederos de su eterna bienaventuranza. 1-25

CAPÍTULO PRIMERO
El hombre es «capaz» de Dios

«Tú eres grande, Señor, y muy digno de alabanza (...). Nos has hecho para ti y nuestro corazón está inquieto mientras no descansa en ti» (San Agustín). 30

2. ¿Por qué late en el hombre el deseo de Dios?

Dios mismo, al crear al hombre a su propia imagen, inscribió en 27-30
el corazón de éste el deseo de verlo. Aunque el hombre a menudo 44-45
ignore tal deseo, Dios no cesa de atraerlo hacia sí, para que viva y encuentre en Él aquella plenitud de verdad y felicidad a la que aspira sin descanso. En consecuencia, el hombre, por naturaleza y vocación, es un ser esencialmente religioso, capaz de entrar en comunión con Dios. Esta íntima y vital relación con Dios otorga al hombre su dignidad fundamental.

3. ¿Cómo se puede conocer a Dios con la sola luz de la razón?

A partir de la creación, esto es, del mundo y de la persona humana, 31-36
el hombre, con la sola razón, puede con certeza conocer a Dios como 46-47
origen y fin del universo y como sumo bien, verdad y belleza infinita.

4. ¿Basta la sola luz de la razón para conocer el misterio de Dios?

Para conocer a Dios con la sola luz de la razón, el hombre encuentra muchas dificultades. Además no puede entrar por sí mismo en la 37-38 intimidad del misterio divino. Por ello, Dios ha querido iluminarlo con su Revelación, no sólo acerca de las verdades que superan la comprensión humana, sino también sobre verdades religiosas y morales, que, aun siendo de por sí accesibles a la razón, de esta manera pueden ser conocidas por todos sin dificultad, con firme certeza y sin mezcla de error.

5. ¿Cómo se puede hablar de Dios?

39-43 Se puede hablar de Dios a todos y con todos, partiendo de las perfec-
48-49 ciones del hombre y las demás criaturas, las cuales son un reflejo, si bien limitado, de la infinita perfección de Dios. Sin embargo, es necesario purificar continuamente nuestro lenguaje de todo lo que tiene de fantasioso e imperfecto, sabiendo bien que nunca podrá expresar plenamente el infinito misterio de Dios.

CAPÍTULO SEGUNDO
Dios va al encuentro del hombre

La Revelación de Dios

6. ¿Qué revela Dios al hombre?

50-53 Dios, en su bondad y sabiduría, se revela al hombre. Por medio
68-69 de acontecimientos y palabras, se revela a sí mismo y el designio de benevolencia que él mismo ha preestablecido desde la eternidad en Cristo en favor de los hombres. Este designio consiste en hacer partícipes de la vida divina a todos los hombres, mediante la gracia del Espíritu Santo, para hacer de ellos hijos adoptivos en su Hijo Unigénito.

7. ¿Cuáles son las primeras etapas de la Revelación de Dios?

54-58 Desde el principio, Dios se manifiesta a Adán y Eva, nuestros pri-
70-71 meros padres, y les invita a una íntima comunión con Él. Después de la caída, Dios no interrumpe su revelación, y les promete la salvación para toda su descendencia. Después del diluvio, establece con Noé una alianza que abraza a todos los seres vivientes.

8. ¿Cuáles son las sucesivas etapas de la Revelación de Dios?

Dios escogió a Abram llamándolo a abandonar su tierra para hacer de 59-64
él «el padre de una multitud de naciones» (*Gn* 17, 5), y prometiéndole 72
bendecir en él a "todas las naciones de la tierra" (*Gn* 12,3). Los descendientes de Abraham serán los depositarios de las promesas divinas hechas a los patriarcas. Dios forma a Israel como su pueblo elegido, salvándolo de la esclavitud de Egipto, establece con él la Alianza del Sinaí, y le da su Ley por medio de Moisés. Los profetas anuncian una radical redención del pueblo y una salvación que abrazará a todas las naciones en una Alianza nueva y eterna. Del pueblo de Israel, de la estirpe del rey David, nacerá el Mesías: Jesús.

9. ¿Cuál es la plena y definitiva etapa de la Revelación de Dios?

La plena y definitiva etapa de la Revelación de Dios es la que Él mismo 65-66
llevó a cabo en su Verbo encarnado, Jesucristo, mediador y plenitud 73
de la Revelación. En cuanto Hijo Unigénito de Dios hecho hombre, Él es la Palabra perfecta y definitiva del Padre. Con la venida del Hijo y el don del Espíritu, la Revelación ya se ha cumplido plenamente, aunque la fe de la Iglesia deberá comprender gradualmente todo su alcance a lo largo de los siglos.

> *«Porque en darnos, como nos dio a su Hijo, que es una Palabra suya, que no tiene otra, todo nos lo habló junto y de una vez en esta sola Palabra, y no tiene más que hablar»* (San Juan de la Cruz).

10. ¿Qué valor tienen las revelaciones privadas?

Aunque no pertenecen al depósito de la fe, las revelaciones privadas 67
pueden ayudar a vivir la misma fe, si mantienen su íntima orientación a Cristo. El Magisterio de la Iglesia, al que corresponde el discernimiento de tales revelaciones, no puede aceptar, por tanto, aquellas "revelaciones" que pretendan superar o corregir la Revelación definitiva, que es Cristo.

La transmisión de la Divina Revelación

11. ¿Por qué y de qué modo se transmite la divina Revelación?

74 Dios "quiere que todos los hombres se salven y lleguen al conocimiento de la verdad" (1 Tim 2, 4), es decir, de Jesucristo. Es preciso, pues, que Cristo sea anunciado a todos los hombres, según su propio mandato: "Id y haced discípulos de todos los pueblos" (*Mt* 28, 19). Esto se lleva a cabo mediante la Tradición Apostólica.

12. ¿Qué es la Tradición Apostólica?

75-79 La Tradición Apostólica es la transmisión del mensaje de Cristo
83 llevada a cabo, desde los comienzos del cristianismo, por la
96,98 predicación, el testimonio, las instituciones, el culto y los escritos inspirados. Los Apóstoles transmitieron a sus sucesores, los obispos y, a través de éstos, a todas las generaciones hasta el fin de los tiempos todo lo que habían recibido de Cristo y aprendido del Espíritu Santo.

13. ¿De qué modo se realiza la Tradición Apostólica?

76 La Tradición Apostólica se realiza de dos modos: con la transmisión viva de la Palabra de Dios (también llamada simplemente Tradición) y con la Sagrada Escritura, que es el mismo anuncio de la salvación puesto por escrito.

14. ¿Qué relación existe entre Tradición y Sagrada Escritura?

80-82 La Tradición y la Sagrada Escritura están íntimamente unidas y com-
97 penetradas entre sí. En efecto, ambas hacen presente y fecundo en la Iglesia el misterio de Cristo, y surgen de la misma fuente divina: constituyen un solo sagrado depósito de la fe, del cual la Iglesia saca su propia certeza sobre todas las cosas reveladas.

15. ¿A quién ha sido confiado el depósito de la fe?

84,91 El depósito de la fe ha sido confiado por los Apóstoles a toda la Iglesia.
94,99 Todo el Pueblo de Dios, con el sentido sobrenatural de la fe, sostenido por el Espíritu Santo y guiado por el Magisterio de la Iglesia, acoge la Revelación divina, la comprende cada vez mejor, y la aplica a la vida.

16. ¿A quién corresponde interpretar auténticamente el depósito de la fe?

La interpretación auténtica del depósito de la fe corresponde sólo al 85-90
Magisterio vivo de la Iglesia, es decir, al Sucesor de Pedro, el Obispo 100
de Roma, y a los obispos en comunión con él. Al Magisterio, el cual, en el servicio de la Palabra de Dios, goza del carisma cierto de la verdad, compete también definir los dogmas, que son formulaciones de las verdades contenidas en la divina Revelación; dicha autoridad se extiende también a las verdades necesariamente relacionadas con la Revelación.

17. ¿Qué relación existe entre Escritura, Tradición y Magisterio?

Escritura, Tradición y Magisterio están tan estrechamente unidos 95
entre sí, que ninguno de ellos existe sin los otros. Juntos, bajo la acción del Espíritu Santo, contribuyen eficazmente, cada uno a su modo, a la salvación de los hombres.

La Sagrada Escritura

18. ¿Por qué decimos que la Sagrada Escritura enseñala verdad?

Decimos que la Sagrada Escritura enseña la verdad porque Dios 105-108
mismo es su autor: por eso afirmamos que está inspirada y enseña 135-136
sin error las verdades necesarias para nuestra salvación. El Espíritu Santo ha inspirado, en efecto, a los autores humanos de la Sagrada Escritura, los cuales han escrito lo que el Espíritu ha querido enseñarnos. La fe cristiana, sin embargo, no es una «religión del libro», sino de la Palabra de Dios, que no es «una palabra escrita y muda, sino el Verbo encarnado y vivo» (San Bernardo de Claraval).

19. ¿Cómo se debe leer la Sagrada Escritura?

La Sagrada Escritura debe ser leída e interpretada con la ayuda del 109-119
Espíritu Santo y bajo la guía del Magisterio de la Iglesia, según tres 137
criterios: 1) atención al contenido y a la unidad de toda la Escritura; 2) lectura de la Escritura en la Tradición viva de la Iglesia; 3) respeto de la analogía de la fe, es decir, de la cohesión entre las verdades de la fe.

20. ¿Qué es el *canon* de las Escrituras?

120 El *canon* de las Escrituras es el elenco completo de todos los escri-
138 tos que la Tradición Apostólica ha hecho discernir a la Iglesia como sagrados. Tal canon comprende cuarenta y seis escritos del Antiguo Testamento y veintisiete del Nuevo.

21. ¿Qué importancia tiene el Antiguo Testamento para los cristianos?

121-123 Los cristianos veneran el Antiguo Testamento como verdadera Palabra de Dios: todos sus libros están divinamente inspirados y conservan un valor permanente, dan testimonio de la pedagogía divina del amor salvífico de Dios, y han sido escritos sobre todo para preparar la venida de Cristo Salvador del mundo.

22. ¿Qué importancia tiene el Nuevo Testamento para los cristianos?

124-127 El Nuevo Testamento, cuyo centro es Jesucristo, nos transmite la ver-
139 dad definitiva de la Revelación divina. En él, los cuatro Evangelios de Mateo, Marcos, Lucas y Juan, siendo el principal testimonio de la vida y doctrina de Jesús, constituyen el corazón de todas las Escrituras y ocupan un puesto único en la Iglesia.

23. ¿Qué unidad existe entre el Antiguo y el Nuevo Testamento?

128-130 La Escritura es una porque es única la Palabra de Dios, único el
140 proyecto salvífico de Dios y única la inspiración divina de ambos Testamentos. El Antiguo Testamento prepara el Nuevo, mientras que éste da cumplimiento al Antiguo: ambos se iluminan recíprocamente.

24. ¿Qué función tiene la Sagrada Escritura en la vida de la Iglesia?

131-133 La Sagrada Escritura proporciona apoyo y vigor a la vida de la Iglesia.
141-142 Para sus hijos, es firmeza de la fe, alimento y manantial de vida espiritual. Es el alma de la teología y de la predicación pastoral. Dice el Salmista: «lámpara es tu palabra para mis pasos, luz en mi sendero» (*Sal* 119, 105). Por esto la Iglesia exhorta a la lectura frecuente de la Sagrada Escritura, pues «desconocer la Escritura es desconocer a Cristo» (San Jerónimo).

CAPÍTULO TERCERO
La respuesta del hombre a Dios

Creo

25. ¿Cómo responde el hombre a Dios que se revela?

El hombre, sostenido por la gracia divina, responde a la revelación 142-143
de Dios con la obediencia de la fe, que consiste en fiarse plenamente de Dios y acoger su Verdad, en cuanto garantizada por Él, que es la Verdad misma.

26. ¿Cuáles son en la Sagrada Escritura los principales modelos de obediencia en la fe?

Son muchos los modelos de obediencia en la fe en la Sagrada Escri- 144-149
tura, pero destacan dos particularmente: *Abraham*, que, sometido a prueba, «tuvo fe en Dios» (*Rom* 4, 3) y siempre obedeció a su llamada; por esto se convirtió en «padre de todos los creyentes» *(Rom* 4, 11.18). Y la *Virgen María*, quien ha realizado del modo más perfecto, durante toda su vida, la obediencia en la fe: «*Fiat mihi secundum Verbum tuum* –hágase en mi según tu palabra» (*Lc* 1, 38).

27. En la práctica ¿qué significa para el hombre creer en Dios?

Creer en Dios significa para el hombre adherirse a Dios mismo, con- 150-152
fiando plenamente en Él y dando pleno asentimiento a todas las ver- 176-178
dades por Él reveladas, porque Dios es la Verdad. Significa creer en un solo Dios en tres personas: Padre, Hijo y Espíritu Santo.

28. ¿Cuáles son las características de la fe?

La fe, don *gratuito* de Dios, accesible a cuantos la piden humildemente, 153-165
es la virtud sobrenatural *necesaria* para salvarse. El acto de fe es un 179-180
acto humano, es decir un acto de la inteligencia del hombre, el cual, 183-184
bajo el impulso de la voluntad movida por Dios, asiente libremente a la verdad divina. Además, la fe es *cierta* porque se fundamenta sobre la Palabra de Dios; «actúa por medio de la caridad» (Gal 5,6); y está en continuo crecimiento, gracias, particularmente, a la escucha de la

Palabra de Dios y a la oración. Ella nos hace pregustar desde ahora el gozo del cielo.

29. ¿Por qué afirmamos que no hay contradicción entre la fe y la ciencia?

159 Aunque la fe supera a la razón, no puede nunca haber contradicción entre la fe y la ciencia, ya que ambas tienen su origen en Dios. Es Dios mismo quien da al hombre tanto la luz de la razón como la fe.

> *«Cree para comprender y comprende para creer»* (San Agustín).

Creemos

30. ¿Por qué la fe es un acto personal y al mismo tiempo eclesial?

166-169 La fe es un acto personal en cuanto es respuesta libre del hombre a
181 Dios que se revela. Pero, al mismo tiempo, es un acto eclesial, que se manifiesta en la expresión «creemos», porque, efectivamente, es la Iglesia quien cree, de tal modo que Ella, con la gracia del Espíritu Santo, precede, engendra y alimenta la fe de cada uno: por esto la Iglesia es Madre y Maestra.

> *«Nadie puede tener a Dios por Padre si no tiene a la Iglesia por Madre»* (San Cipriano).

31. ¿Por qué son importantes las fórmulas de la fe?

170-171 Las fórmulas de la fe son importantes porque nos permiten expresar, asimilar, celebrar y compartir con los demás las verdades de la fe, utilizando un lenguaje común.

32. ¿En qué sentido la fe de la Iglesia es una sola?

172-175 La Iglesia, aunque formada por personas diversas por razón de len-
182 gua, cultura y ritos, profesa con voz unánime la única fe, recibida de un solo Señor y transmitida por la única Tradición Apostólica. Profesa un solo Dios –Padre, Hijo y Espíritu Santo– e indica un solo

camino de salvación. Por tanto, creemos, con un solo corazón y una sola alma, todo aquello que se contiene en la Palabra de Dios escrita o transmitida y es propuesto por la Iglesia para ser creído como divinamente revelado.

SEGUNDA SECCIÓN

LA PROFESIÓN DE LA FE CRISTIANA

Este antiguo mosaico de la basílica romana de San Clemente, representa el triunfo de la Cruz, misterio central de la fe cristiana. Se percibe una hermosa planta de acanto, de la que brotan numerosísimas ramas que se extienden en todas las direcciones, con flores y frutos. La vitalidad de esta planta es significada por la cruz de Cristo, cuyo sacrificio constituye la recreación de la humanidad y del cosmos.

Jesús es el nuevo Adán que, con el misterio de su pasión, muerte y resurrección, hace florecer de nuevo la humanidad, reconciliándola con el Padre.

En torno al Crucificado, aparecen doce palomas blancas, que representan a los doce Apóstoles. Al pie de la Cruz, están María y Juan, el discípulo predilecto:

«Jesús, viendo a su madre y junto a ella al discípulo a quien amaba, dice a su madre: "Mujer, ahí tienes a tu hijo", luego dice al discípulo: "Ahí tienes a tu madre". Y desde aquella hora el discípulo la acogió en su casa» (*Jn* 19, 26-27).

En lo más alto, asoma la mano del Padre, que ofrece una corona de gloria a su Hijo, victorioso sobre la muerte con su misterio pascual.

Al pie de la planta, un pequeño ciervo lucha contra la serpiente del mal.

De la planta, que representa el árbol de la redención, fluye un manantial de agua que da vida a cuatro arroyos, que simbolizan los cuatro Evangelios, en los que los fieles sacian su sed, como los ciervos en las fuentes de agua viva. La Iglesia aparece así como un jardín celestial vivificado por Jesús, el verdadero árbol de la vida.

Basílica de San Clemente, Roma. *Mosaico del ábside* (s. XII). Particular: la cruz, árbol de la vida. Reproducción autorizada por los Padres Dominicos Irlandeses (Fotografía por Scala/Art Resource, NY.)

CREDO

Símbolo de los Apóstoles
Creo en Dios, Padre
Todopoderoso,
Creador del cielo y de
la tierra.
Creo en Jesucristo, su
único Hijo,
Nuestro Señor,
Que fue concebido por obra
y gracia del Espíritu Santo,
nació de Santa María Virgen,
padeció bajo el poder de
Poncio Pilato,
fue crucificado, muerto
y sepultado,
descendió a los infiernos,
al tercer día resucitó de entre
los muertos,
subió a los cielos
y está sentado a la derecha
de Dios, Padre todopoderoso.
Desde allí ha de venir a
juzgar a vivos y muertos.

Creo en el Espíritu Santo,
la santa Iglesia católica,
la comunión de los santos,
el perdón de los pecados,
la resurrección de la carne
y la vida eterna.
Amén.

Symbolum Apostolicum
Credo in Deum, Patrem
omnipoténtem,
Creatórem caeli et terrae,
et in Iesum Christum, Filium
Eius únicum,
Dóminum nostrum,
qui conceptus est de
Spiritu Sancto,
natus ex María Virgine,
passus sub Póntio Piláto,
crucifixus, mórtuus,
et sepúltus,
descendit ad ínferos,
tértia die resurréxit a mórtuis,
ascéndit ad caelos, sedet ad
déxteram Dei
Patris omnipoténtis, inde
ventúrus est
iudicáre vivos et mórtuos.

Et in Spíritum Sanctum,
sanctam Ecclésiam cathólicam,
sanctórum communiónem,
remissiónem peccatórum,
carnis resurrectiónem,
vitam aetérnam.
Amen.

Credo Niceno-Constantinopolitano

Creo en un solo Dios,
Padre Todopoderoso,
Creador del cielo y de
la tierra,
de todo lo visible y
lo invisible.
Creo en un solo Señor,
Jesucristo,
Hijo único de Dios,
nacido del Padre antes de
todos los siglos:
Dios de Dios,
Luz de Luz,
Dios verdadero de
Dios verdadero,
engendrado, no creado,
de la misma naturaleza
del Padre,
por quien todo fue hecho;
que por nosotros, los
hombres, y por
nuestra salvación bajó del cielo,
y por obra del Espíritu Santo
se encarnó
de María, la Virgen, y se
hizo hombre;
y por nuestra causa fue
crucificado
en tiempos de Poncio Pilato;
padeció y fue sepultado,
y resucitó al tercer día,
según las

Symbolum Nicaenum-Constantinopolitanum

Credo in unum Deum,
Patrem omnipoténtem,
Factórem caeli et terrae,
visibílium ómnium
et invisibílium.
Et in unum Dóminum lesum
Christum,
Filium Dei unigénitum
et ex Patre natum ante
ómnia saécula:
Deum de Deo,
Lumen de Lúmine,
Deum verum de Deo vero,
génitum, non factum,
consubstantiálem Patri:
per quem ómnia facta sunt;
qui propter nos hómines et
proper nostram
salútem, descéndit de caelis,
et incarnátus est de Spíritu
Sancto ex
María Virgine et homo
factus est,
crucifixus etiam pro nobis
sub Póntio Piláto,
passus et sepúltus est,
et resurréxit tértia die
secúndum Scriptúras,
et ascéndit in cælum, sedet ad
déxteram Patris et íterum
ventúrus est

Escrituras, y subió al cielo,
y está sentado
a la derecha del Padre; y de
nuevo vendrá
con gloria para juzgar a vivos
y muertos,
y su reino no tendrá fin.

Creo en el Espíritu Santo,
Señor y dador de vida,
que procede del Padre y
del Hijo,
que con el Padre y el
Hijo recibe
una misma adoración y gloria,
y que habló por los profetas.

Creo en la Iglesia, que es una,
santa, católica y apostólica.

Confieso que hay un
solo Bautismo
para el perdón de los pecados.
Espero la resurrección
de los muertos
y la vida del mundo futuro.
Amén.

cum glória, iudicáre vivos
et mórtuos,
cuius regni non erit finis.
Credo in Spíritum Sanctum,
Dóminum et vivificántem,
qui ex Patre Filióque procédit,
qui cum Patre et Fílio
simul adorátur
et conglorificátur, qui locútus
est per Prophétas.

Et unam sanctam cathólicam et
apostólicam Ecclésiam.

Confíteor unum Baptísma in
remissiónem peccatórum.
Et exspécto resurrectiónem
mortuórum,
et vitam ventúri saéculi.
Amen.

CAPÍTULO PRIMERO
Creo en Dios Padre

Los símbolos de la fe

33. ¿Qué son los símbolos de la fe?

185-188 Los símbolos de la fe, también llamados «profesiones de fe» o «Cre-
192,197 dos», son fórmulas articuladas con las que la Iglesia, desde sus orígenes, ha expresado sintéticamente la propia fe, y la ha transmitido con un lenguaje común y normativo para todos los fieles.

34. ¿Cuáles son los símbolos de la fe más antiguos?

189-191 Los símbolos de la fe más antiguos son los *bautismales.* Puesto que el Bautismo se administra «en el nombre del Padre y del Hijo y del Espíritu Santo» (*Mt* 28, 19), las verdades de fe allí profesadas son articuladas según su referencia a las tres Personas de la Santísima Trinidad.

35. ¿Cuáles son los símbolos de la fe más importantes?

193-195 Los símbolos de la fe más importantes son: *el Símbolo de los Apóstoles,* que es el antiguo símbolo bautismal de la Iglesia de Roma, y el *Símbolo niceno-constantinopolitano,* que es fruto de los dos primeros Concilios Ecuménicos de Nicea (325) y de Constantinopla (381), y que sigue siendo aún hoy el símbolo común a todas las grandes Iglesias de Oriente y Occidente.

«Creo en Dios, Padre Todopoderoso, Creador del cielo y de la tierra»

36. ¿Por qué la profesión de fe comienza con «Creo en Dios»?

198-199 La profesión de fe comienza con la afirmación «Creo en Dios» porque es la más importante: la fuente de todas las demás verdades sobre el hombre y sobre el mundo y de toda la vida del que cree en Dios.

37. ¿Por qué profesamos un *solo* Dios?

Profesamos un *solo* Dios porque Él se ha revelado al pueblo de Israel
como el Único, cuando dice: «escucha Israel, el Señor nuestro Dios 200-202
es el Único Señor» (*Dt* 6, 4), «no existe ningún otro» (*Is* 45, 22). Jesús 228
mismo lo ha confirmado: Dios «es el único Señor» (*Mc* 12, 29). Profesar que Jesús y el Espíritu Santo son también Dios y Señor no introduce división alguna en el Dios Único.

38. ¿Con qué nombre se revela Dios?

Dios se revela a Moisés como el Dios vivo: «Yo soy el Dios de tus 203-205
padres, el Dios de Abraham, el Dios de Isaac y el Dios de Jacob» (*Ex* 230-231
3, 6). Al mismo Moisés Dios le revela su Nombre misterioso: «Yo soy el que soy (YHWH)» (*Ex* 3, 14). El nombre inefable de Dios, ya en los tiempos del Antiguo Testamento, fue sustituido por la palabra *Señor*. De este modo en el Nuevo Testamento, Jesús, llamado *el Señor*, aparece como verdadero Dios.

39. ¿Sólo Dios «es»?

Mientras las criaturas han recibido de Él todo su ser y su poseer, sólo 212-213
Dios es en sí mismo la plenitud del ser y de toda perfección. Él es «el que es», sin origen y sin fin. Jesús revela que también Él lleva el Nombre divino, «Yo soy» (*Jn* 8, 28).

40. ¿Por qué es importante la revelación del nombre de Dios?

Al revelar su Nombre, Dios da a conocer las riquezas contenidas en 206-213
su misterio inefable: sólo Él es, desde siempre y por siempre, el que transciende el mundo y la historia. Él es quien ha hecho cielo y tierra. Él es el Dios fiel, siempre cercano a su pueblo para salvarlo. Él es el Santo por excelencia, «rico en misericordia» (*Ef* 2, 4), siempre dispuesto al perdón. Dios es el Ser espiritual, trascendente, omnipotente, eterno, personal y perfecto. Él es la verdad y el amor.

> *«Dios es el ser infinitamente perfecto que es la Santísima Trinidad»* (Santo Toribio de Mogrovejo).

41. ¿En qué sentido Dios es la verdad?

214-217 Dios es la Verdad misma y como tal ni se engaña ni puede engañar.
231 «Dios es luz, en Él no hay tiniebla alguna» (*1 Jn* 1, 5). El Hijo eterno de Dios, sabiduría encarnada, ha sido enviado al mundo «para dar testimonio de la Verdad» (*Jn* 18, 37).

42. ¿De qué modo Dios revela que Él es amor?

218-221 Dios se revela a Israel como Aquel que tiene un amor más fuerte que el de un padre o una madre por sus hijos o el de un esposo por su esposa. Dios en sí mismo «es amor» (*1 Jn* 4, 8.16), que se da completa y gratuitamente; que «tanto amó al mundo que dio a su Hijo único para que el mundo se salve por él» (*Jn* 3, 16-17). Al mandar a su Hijo y al Espíritu Santo, Dios revela que Él mismo es eterna comunicación de amor.

43. ¿Qué consecuencias tiene creer en un solo Dios?

222-227 Creer en Dios, el Único, comporta: conocer su grandeza y majestad;
229 vivir en acción de gracias; confiar siempre en Él, incluso en la adversidad; reconocer la unidad y la verdadera dignidad de todos los hombres, creados a imagen de Dios; usar rectamente de las cosas creadas por Él.

44. ¿Cuál es el misterio central de la fe y de la vida cristiana?

232-237 El misterio central de la fe y de la vida cristiana es el misterio de la Santísima Trinidad. Los cristianos son bautizados en el nombre del Padre y del Hijo y del Espíritu Santo.

45. ¿Puede la razón humana conocer, por sí sola, el misterio de la Santísima Trinidad?

237 Dios ha dejado huellas de su ser trinitario en la creación y en el Antiguo Testamento, pero la intimidad de su ser como Trinidad Santa constituye un misterio inaccesible a la sola razón humana e incluso a la fe de Israel, antes de la Encarnación del Hijo de Dios y del envío del Espíritu Santo. Este misterio ha sido revelado por Jesucristo, y es la fuente de todos los demás misterios.

46.¿Qué nos revela Jesucristo acerca del misterio del Padre?

Jesucristo nos revela que Dios es «Padre», no sólo en cuanto es Creador del universo y del hombre sino, sobre todo, porque engendra eternamente en su seno al Hijo, que es su Verbo, «resplandor de su gloria e impronta de su sustancia» (*Hb* 1, 3). 240-243

47. ¿Quién es el Espíritu Santo, que Jesucristo nos ha revelado?

El Espíritu Santo es la tercera Persona de la Santísima Trinidad. Es Dios, uno e igual al Padre y al Hijo; «procede del Padre» (*Jn* 15, 26), que es principio sin principio y origen de toda la vida trinitaria. Y procede también del Hijo (*Filioque*), por el don eterno que el Padre hace al Hijo. El Espíritu Santo, enviado por el Padre y por el Hijo encarnado, guía a la Iglesia hasta el conocimiento de la «verdad plena» (*Jn* 16, 13). 243-248

48. ¿Cómo expresa la Iglesia su fe trinitaria?

La Iglesia expresa su fe trinitaria confesando un solo Dios en tres 249-256
Personas: Padre, Hijo y Espíritu Santo. Las tres divinas Personas son 266
un solo Dios porque cada una de ellas es idéntica a la plenitud de la única e indivisible naturaleza divina. Las tres son realmente distintas entre sí, por sus relaciones recíprocas: el Padre engendra al Hijo, el Hijo es engendrado por el Padre, el Espíritu Santo procede del Padre y del Hijo.

49. ¿Cómo obran las tres divinas Personas?

Inseparables en su única substancia, las divinas Personas son también 257-260
inseparables en su obrar: la Trinidad tiene una sola y misma operación. 267
Pero en el único obrar divino, cada Persona se hace presente según el modo que le es propio en la Trinidad.

> *«Dios mío, Trinidad a quien adoro... pacifica mi alma. Haz de ella tu cielo, tu morada amada y el lugar de tu reposo. Que yo no te deje jamás solo en ella, sino que yo esté allí enteramente, totalmente despierta en mi fe, en adoración, entregada sin reservas a tu acción creadora»* (Beata Isabel de la Trinidad).

50. ¿Qué significa que Dios es Todopoderoso?

268-278 Dios se ha revelado como «el Fuerte, el Valeroso» (*Sal* 24, 8), aquel para quien «nada es imposible» (*Lc* 1, 37). Su omnipotencia es universal, misteriosa y se manifiesta en la creación del mundo de la nada y del hombre por amor, pero sobre todo en la Encarnación y en la Resurrección de su Hijo, en el don de la adopción filial y en el perdón de los pecados. Por esto la Iglesia en su oración se dirige a «Dios todopoderoso y eterno» («*Omnipotens sempiterne Deus*»).

51. ¿Por qué es importante afirmar que «en el principio Dios creó el cielo y la tierra» (*Gn* 1, 1)?

279-289 Es importante afirmar que en el principio Dios creó el cielo y la tierra
315 porque la creación es el fundamento de todos los designios salvíficos de Dios; manifiesta su amor omnipotente y lleno de sabiduría; es el primer paso hacia la Alianza del Dios único con su pueblo; es el comienzo de la historia de la salvación, que culmina en Cristo; es la primera respuesta a los interrogantes fundamentales sobre nuestro origen y nuestro fin.

52. ¿Quién ha creado el mundo?

290-292 El Padre, el Hijo y el Espíritu Santo son el principio único e indivisible
316 del mundo, aunque la obra de la Creación se atribuye especialmente a Dios Padre.

53. ¿Para qué ha sido creado el mundo?

293-294 El mundo ha sido creado para gloria de Dios, el cual ha querido mani-
319 festar y comunicar su bondad, verdad y belleza. El fin último de la Creación es que Dios, en Cristo, pueda ser «todo en todos» (*1 Cor* 15, 28), para gloria suya y para nuestra felicidad.

> *«Porque la gloria de Dios es el que el hombre viva, y la vida del hombre es la visión de Dios»* (San Ireneo de Lyon).

54. ¿Cómo ha creado Dios el universo?

295-301 Dios ha creado el universo libremente con sabiduría y amor. El mundo
317-320 no es el fruto de una necesidad, de un destino ciego o del azar. Dios

crea «de la nada» (*ex nihilo: 2 M* 7, 28) un mundo ordenado y bueno, que Él transciende de modo infinito. Dios conserva en el ser el mundo que ha creado y lo sostiene, dándole la capacidad de actuar y llevándolo a su realización, por medio de su Hijo y del Espíritu Santo.

55. ¿En qué consiste la Providencia divina?

La divina Providencia consiste en las disposiciones con las que Dios 302-306
conduce a sus criaturas a la perfección última, a la que Él mismo las 321
ha llamado. Dios es el autor soberano de su designio. Pero para realizarlo se sirve también de la cooperación de sus criaturas, otorgando al mismo tiempo a éstas la dignidad de obrar por sí mismas, de ser causa unas de otras.

56. ¿Cómo colabora el hombre con la Providencia divina?

Dios otorga y pide al hombre, respetando su libertad, que colabore 307-308
con la Providencia mediante sus acciones, sus oraciones, pero tam- 323
bién con sus sufrimientos, suscitando en el hombre «el querer y el obrar según sus misericordiosos designios» (*Fil* 2, 13).

57. Si Dios es todopoderoso y providente ¿por qué entonces existe el mal?

Al interrogante, tan doloroso como misterioso, sobre la existencia del 309-310
mal solamente se puede dar respuesta *desde el conjunto* de la fe cris- 324,400
tiana. Dios no es, en modo alguno, ni directa ni indirectamente, la causa del mal. Él ilumina el misterio del mal en su Hijo Jesucristo, que ha muerto y ha resucitado para vencer el gran mal moral, que es el pecado de los hombres y que es la raíz de los restantes males.

58. ¿Por qué Dios permite el mal?

La fe nos da la certeza de que Dios no permitiría el mal si no hiciera 311-314
salir el bien del mal mismo. Esto Dios lo ha realizado ya admirable- 324
mente con ocasión de la muerte y resurrección de Cristo: en efecto, del mayor mal moral, la muerte de su Hijo, Dios ha sacado el mayor de los bienes, la glorificación de Cristo y nuestra redención.

El cielo y la tierra

59. ¿Qué ha creado Dios?

325-327 La Sagrada Escritura dice: «en el principio creó Dios el cielo y la tierra» (*Gn* 1, 1). La Iglesia, en su profesión de fe, proclama que Dios es el creador de todas las cosas visibles e invisibles: de todos los seres espirituales y materiales, esto es, de los ángeles y del mundo visible y, en particular, del hombre.

60. ¿Quiénes son los ángeles?

328-333 Los ángeles son criaturas puramente espirituales, incorpóreas, invi-
350-351 sibles e inmortales; son seres personales dotados de inteligencia y voluntad. Los ángeles, contemplando cara a cara incesantemente a Dios, lo glorifican, lo sirven y son sus mensajeros en el cumplimiento de la misión de salvación para todos los hombres.

61. ¿De qué modo los ángeles están presentes en la vida de la Iglesia?

334-336 La Iglesia se une a los ángeles para adorar a Dios, invoca la asisten-
352 cia de los ángeles y celebra litúrgicamente la memoria de algunos de ellos.

> *«Cada fiel tiene a su lado un ángel como protector y pastor para conducirlo a la vida»* (San Basilio Magno).

62. ¿Qué enseña la Sagrada Escritura sobre la creación del mundo visible?

337-344 A través del relato de los «seis días» de la Creación, la Sagrada Escritura nos da a conocer el valor de todo lo creado y su finalidad de alabanza a Dios y de servicio al hombre. Todas las cosas deben su propia existencia a Dios, de quien reciben la propia bondad y perfección, sus leyes y lugar en el universo.

63. ¿Cuál es el lugar del hombre en la creación?

343-344 El hombre es la cumbre de la Creación visible, pues ha sido creado a
353 imagen y semejanza de Dios.

64. ¿Qué tipo de relación existe entre las cosas creadas?

Entre todas las criaturas existe una interdependencia y jerarquía, 342
queridas por Dios. Al mismo tiempo, entre las criaturas existe una 354
unidad y solidaridad, porque todas ellas tienen el mismo Creador, son por Él amadas y están ordenadas a su gloria. Respetar las leyes inscritas en la creación y las relaciones que dimanan de la naturaleza de las cosas es, por lo tanto, un principio de sabiduría y un fundamento de la moral.

65. ¿Qué relación existe entre la obra de la Creación y la de la Redención?

La obra de la Creación culmina en la obra aún más grande de la 345-349
Redención. Con ésta, de hecho, se inicia la nueva Creación, en la cual todo hallará de nuevo su pleno sentido y cumplimiento.

El hombre

66. ¿En qué sentido el hombre es creado «a imagen de Dios»?

El hombre ha sido creado a imagen de Dios, en el sentido de que es 355-358
capaz de conocer y amar libremente a su propio Creador. Es la única criatura sobre la tierra a la que Dios ama por sí misma, y a la que llama a compartir su vida divina, en el conocimiento y en el amor. El hombre, en cuanto creado a imagen de Dios, tiene la dignidad de persona: no es solamente algo, sino alguien capaz de conocerse, de darse libremente y de entrar en comunión con Dios y las otras personas.

67. ¿Para qué fin Dios ha creado Dios al hombre?

Dios ha creado todo para el hombre, pero el hombre ha sido creado 358-359
para conocer, servir y amar a Dios, para ofrecer en este mundo toda 381
la Creación a Dios en acción de gracias, y para ser elevado a la vida con Dios en el cielo. Solamente en el misterio del Verbo encarnado encuentra verdadera luz el misterio del hombre, predestinado a reproducir la imagen del Hijo de Dios hecho hombre, que es la perfecta «imagen de Dios invisible» (*Col* 1, 15).

68. ¿Por qué los hombres forman una unidad?

360-361 Todos los hombres forman la unidad del género humano por el origen común que les viene de Dios. Además Dios ha creado «de un solo principio, todo el linaje humano» (*Hch* 17, 26). Finalmente, todos tienen un único Salvador y todos están llamados a compartir la eterna felicidad de Dios.

69. ¿De qué manera el cuerpo y el alma forman en el hombre una unidad?

362-365 La persona humana es, al mismo tiempo, un ser corporal y espiritual.
382 En el hombre el espíritu y la materia forman una única naturaleza. Esta unidad es tan profunda que, gracias al principio espiritual, que es el alma, el cuerpo, que es material, se hace humano y viviente, y participa de la dignidad de la imagen de Dios.

70. ¿Quién da el alma al hombre?

362-365 El alma espiritual no viene de los progenitores, sino que es creada
366-368 directamente por Dios, y es inmortal. Al separarse del cuerpo en el
382 momento de la muerte, no perece; se unirá de nuevo al cuerpo en el momento de la resurrección final.

71. ¿Qué relación ha establecido Dios entre el hombre y la mujer?

369-373 El hombre y la mujer han sido creados por Dios con igual dignidad
383 en cuanto personas humanas y, al mismo tiempo, con una recíproca complementariedad en cuanto varón y mujer. Dios los ha querido el uno para el otro, para una comunión de personas. Juntos están también llamados a transmitir la vida humana, formando en el matrimonio «una sola carne» (*Gn* 2, 24), y a dominar la tierra como «administradores» de Dios.

72. ¿Cuál era la condición original del hombre según el designio de Dios?

374-379 Al crear al hombre y a la mujer, Dios les había dado una especial
384 participación de la vida divina, en un estado de santidad y justicia. En este proyecto de Dios, el hombre no habría debido sufrir ni morir. Igualmente reinaba en el hombre una armonía perfecta consigo

mismo, con el Creador, entre hombre y mujer, así como entre la primera pareja humana y toda la Creación.

La caída

73. ¿Cómo se comprende la realidad del pecado?

En la historia del hombre está presente el pecado. Esta realidad se 385-389
esclarece plenamente sólo a la luz de la divina Revelación y, sobre todo, a la luz de Cristo, el Salvador de todos, que ha hecho que la gracia sobreabunde allí donde había abundado el pecado.

74. ¿Qué es la caída de los ángeles?

Con la expresión «la caída de los ángeles» se indica que Satanás y los 391-395
otros demonios, de los que hablan la Sagrada Escritura y la Tradición 414
de la Iglesia, eran inicialmente ángeles creados buenos por Dios, que se transformaron en malvados porque rechazaron a Dios y a su Reino, mediante libre e irrevocable elección, dando así origen al infierno. Los demonios intentan asociar al hombre a su rebelión contra Dios, pero Dios afirma en Cristo su segura victoria sobre el Maligno.

75. ¿En qué consiste el primer pecado del hombre?

El hombre, tentado por el diablo, dejó apagarse en su corazón la 396-403
confianza hacia su Creador y, desobedeciéndole, quiso «ser como 415-417
Dios» (*Gn* 3, 5), sin Dios, y no según Dios. Así Adán y Eva perdieron inmediatamente, para sí y para todos sus descendientes, la gracia de la santidad y de la justicia originales.

76. ¿Qué es el pecado original?

El pecado original, en el que todos los hombres nacen, es el estado 404
de privación de la santidad y de la justicia originales. Es un pecado 419
«contraído» no «cometido» por nosotros; es una condición de nacimiento y no un acto personal. A causa de la unidad de origen de todos los hombres, el pecado original se transmite a los descendientes de Adán con la misma naturaleza humana, «no por imitación sino por propagación». Esta transmisión es un misterio que no podemos comprender plenamente.

77. ¿Qué otras consecuencias provoca el pecado original?

405-409 Como consecuencia del pecado original, la naturaleza humana,
418 aun sin estar totalmente corrompida, se halla herida en sus propias fuerzas naturales, sometida a la ignorancia, al sufrimiento y al poder de la muerte, e inclinada al pecado. Esta inclinación al mal se llama *concupiscencia*.

78. ¿Qué ha hecho Dios después del primer pecadodel hombre?

410-412 Después del primer pecado, el mundo ha sido inundado de pecados,
420 pero Dios no ha abandonado al hombre al poder de la muerte, antes al contrario, le predijo de modo misterioso –en el «Protoevangelio» (*Gn* 3, 15)– que el mal sería vencido y el hombre levantado de la caída. Se trata del primer anuncio del Mesías Redentor. Por ello, la caída será incluso llamada *feliz culpa*, porque «ha merecido tal y tan grande Redentor» (Liturgia de la Vigilia pascual).

CAPÍTULO SEGUNDO

Creo en Jesucristo, Hijo único de Dios

79. ¿Cuál es la Buena Noticia para el hombre?

422-424 La Buena Noticia es el anuncio de Jesucristo, «el Hijo de Dios vivo» (*Mt* 16, 16), muerto y resucitado. En tiempos del rey Herodes y del emperador César Augusto, Dios cumplió las promesas hechas a Abraham y a su descendencia, enviando «a su Hijo, nacido de mujer, nacido bajo la Ley, para rescatar a los que se hallaban bajo la Ley, y para que recibiéramos la filiación adoptiva» (*Gal* 4, 4-5).

80. ¿Cómo se difunde esta Buena Noticia?

425-429 Desde el primer momento, los discípulos desearon ardientemente anunciar a Cristo, a fin de llevar a todos los hombres a la fe en Él. También hoy, el deseo de evangelizar y catequizar, es decir, de revelar en la persona de Cristo todo el designio de Dios, y de poner a la humanidad en comunión con Jesús, nace de este conocimiento amoroso de Cristo.

Creo en Jesucristo, su único Hijo, nuestro Señor

81. ¿Qué significa el nombre de Jesús?

El nombre de Jesús, dado por el ángel en el momento de la Anun- 430-435
ciación, significa «Dios salva». Expresa, a la vez, su identidad y su 452
misión, «porque él salvará al pueblo de sus pecados» (*Mt* 1, 21). Pedro afirma que «bajo el cielo no se nos ha dado otro nombre que pueda salvarnos» (*Hch* 4, 12).

82. ¿Por qué Jesús es llamado Cristo?

«Cristo», en griego, y «Mesías», en hebreo, significan «ungido». 436-440
Jesús es el Cristo porque ha sido consagrado por Dios, ungido por el 453
Espíritu Santo para la misión redentora. Él es el Mesías esperado por Israel y enviado al mundo por el Padre. Jesús ha aceptado el título de Mesías, precisando, sin embargo, su sentido: «bajado del cielo» (*Jn* 3, 13), crucificado y después resucitado, Él es el siervo sufriente «que da su vida en rescate por muchos» (*Mt* 20, 28). Del nombre de Cristo nos viene el nombre de *cristianos.*

83. ¿En qué sentido Jesús es el «Hijo unigénito de Dios»?

Jesús es el Hijo unigénito de Dios en un sentido único y perfecto. En 441-445
el momento del Bautismo y de la Transfiguración, la voz del Padre 454
señala a Jesús como su «Hijo predilecto». Al presentarse a sí mismo como el Hijo, que «conoce al Padre» (*Mt* 11, 27), Jesús afirma su relación única y eterna con Dios su Padre. Él es «el Hijo unigénito de Dios» (*1 Jn* 4, 9), la segunda Persona de la Trinidad. Es el centro de la predicación apostólica: los Apóstoles han visto su gloria, «que recibe del Padre como Hijo único» (*Jn* 1, 14).

84. ¿Qué significa el título de «Señor»?

En la Biblia, el título de «Señor» designa ordinariamente al Dios 446-451
soberano. Jesús se lo atribuye a sí mismo, y revela su soberanía divina 455
mediante su poder sobre la naturaleza, sobre los demonios, sobre el pecado y sobre la muerte, y sobre todo con su Resurrección. Las primeras confesiones de fe cristiana proclaman que el poder, el honor y la gloria que se deben a Dios Padre se le deben también a Jesús: Dios «le ha dado el nombre sobre todo nombre» (Fil 2, 9). Él es el Señor del

mundo y de la historia, el único a quien el hombre debe someter de modo absoluto su propia libertad personal.

JESUCRISTO FUE CONCEBIDO POR OBRA DEL ESPÍRITU SANTO Y NACIÓ DE SANTA MARÍA VIRGEN

85. ¿Por qué el Hijo de Dios se hizo hombre?

456-460 El Hijo de Dios se encarnó en el seno de la Virgen María, por obra del Espíritu Santo, por nosotros los hombres y por nuestra salvación: es decir, para reconciliarnos a nosotros pecadores con Dios, darnos a conocer su amor infinito, ser nuestro modelo de santidad y hacernos «partícipes de la naturaleza divina» (*2 P* 1, 4).

86. ¿Qué significa la palabra «Encarnación»?

461-463 La Iglesia llama «Encarnación» al misterio de la unión admirable de
483 la naturaleza divina y la naturaleza humana de Jesús en la única Persona divina del Verbo. Para llevar a cabo nuestra salvación, el Hijo de Dios se ha hecho «carne» (*Jn* 1, 14), haciéndose verdaderamente hombre. La fe en la Encarnación es signo distintivo de la fe cristiana.

87. ¿De qué modo Jesucristo es verdadero Dios y verdadero hombre?

464-467 En la unidad de su Persona divina, Jesucristo es verdadero Dios y
469 verdadero hombre, de manera indivisible. Él, Hijo de Dios, «engendrado, no creado, de la misma naturaleza del Padre», se ha hecho verdaderamente hombre, hermano nuestro, sin dejar con ello de ser Dios, nuestro Señor.

88. ¿Qué enseña a este propósito el Concilio de Calcedonia (año 451)?

467 El Concilio de Calcedonia enseña que «hay que confesar a un solo y mismo Hijo, Nuestro Señor Jesucristo: perfecto en la divinidad y perfecto en la humanidad; verdaderamente Dios y verdaderamente hombre, compuesto de alma racional y de cuerpo; consubstancial con el Padre según la divinidad, y consubstancial con nosotros según la

humanidad; "en todo semejante a nosotros, menos en el pecado" (*Hb* 4, 15); nacido del Padre antes de todos los siglos según la divinidad y, por nosotros y nuestra salvación, nacido en estos últimos tiempos de la Virgen María, la Madre de Dios, según la humanidad».

89. ¿Cómo expresa la Iglesia el misterio de la Encarnación?

La Iglesia expresa el misterio de la Encarnación afirmando que Jesu- 464-469
cristo es verdadero Dios y verdadero hombre; con dos naturalezas, 479-481
la divina y la humana, no confundidas, sino unidas en la Persona del Verbo. Por tanto, todo en la humanidad de Jesús –milagros, sufrimientos y la misma muerte– debe ser atribuido a su Persona divina, que obra a través de la naturaleza humana que ha asumido.

> «*¡Oh Hijo Unigénito y Verbo de Dios! Tú que eres inmortal, te dignaste, para salvarnos, tomar carne de la santa Madre de Dios y siempre Virgen María (...) Tú, Uno de la Santísima Trinidad, glorificado con el Padre y el Espíritu Santo, ¡sálvanos!*» (Liturgia bizantina de San Juan Crisóstomo).

90. ¿Tenía el Hijo de Dios hecho hombre un alma con inteligencia humana?

El Hijo de Dios asumió un cuerpo dotado de un alma racional 470-474
humana. Con su inteligencia humana Jesús aprendió muchas cosas 482
mediante la experiencia. Pero, también como hombre, el Hijo de Dios tenía un conocimiento íntimo e inmediato de Dios su Padre. Penetraba asimismo los pensamientos secretos de los hombres y conocía plenamente los designios eternos que Él había venido a revelar.

91. ¿Cómo concordaban las dos voluntades del Verbo encarnado?

Jesús tenía una voluntad divina y una voluntad humana. En su vida 475
terrena, el Hijo de Dios ha querido humanamente lo que Él ha deci- 482
dido divinamente junto con el Padre y el Espíritu Santo para nuestra salvación. La voluntad humana de Cristo sigue, sin oposición o resistencia, su voluntad divina, y está subordinada a ella.

92. ¿Tenía Cristo un verdadero cuerpo humano?

476-477 Cristo asumió un verdadero cuerpo humano, mediante el cual Dios invisible se hizo visible. Por esta razón, Cristo puede ser representado y venerado en las sagradas imágenes.

93. ¿Qué representa el Corazón de Jesús?

478 Cristo nos ha conocido y amado con un corazón humano. Su Corazón traspasado por nuestra salvación es el símbolo del amor infinito que Él tiene al Padre y a cada uno de los hombres.

94. ¿Qué significa la expresión «concebido por obra y gracia del Espíritu Santo»?

484-486 Que Jesús fue concebido por obra y gracia del Espíritu Santo significa que la Virgen María concibió al Hijo eterno en su seno por obra del Espíritu Santo y sin la colaboración de varón: «El Espíritu Santo vendrá sobre ti» (*Lc* 1, 35), le dijo el ángel en la Anunciación.

95. «...Nacido de la Virgen María...»: ¿por qué María es verdaderamente Madre de Dios?

495 María es verdaderamente *Madre de Dios* porque es la madre de
509 Jesús (*Jn* 2, 1; 19, 25). En efecto, aquél que fue concebido por obra del Espíritu Santo y fue verdaderamente Hijo suyo, es el Hijo eterno de Dios Padre. Es Dios mismo.

96. ¿Qué significa «Inmaculada Concepción»?

487-492 Dios eligió gratuitamente a María desde toda la eternidad para que
508 fuese la Madre de su Hijo; para cumplir esta misión fue *concebida inmaculada*. Esto significa que, por la gracia de Dios y en previsión de los méritos de Jesucristo, María fue preservada del pecado original desde el primer instante de su concepción.

97. ¿Cómo colabora María al plan divino de la salvación?

493-494 Por la gracia de Dios, María permaneció inmune de todo pecado per-
508-511 sonal durante toda su existencia. Ella es la «llena de gracia» (*Lc* 1, 28), la «toda Santa». Y cuando el ángel le anuncia que va a dar a luz

«al Hijo del Altísimo» (*Lc* 1, 32), ella da libremente su consentimiento «por obediencia de la fe» (*Rom* 1, 5). María se ofrece totalmente a la Persona y a la obra de Jesús, su Hijo, abrazando con toda su alma la voluntad divina de salvación.

98. ¿Qué significa la concepción virginal de Jesús?

La concepción virginal de Jesús significa que éste fue concebido en 496-498
el seno de la Virgen María sólo por el poder del Espíritu Santo, sin 503
concurso de varón. Él es Hijo del Padre celestial según la naturaleza divina, e Hijo de María según la naturaleza humana, pero es propiamente Hijo de Dios según las dos naturalezas, al haber en Él una sola Persona, la divina.

99. ¿En qué sentido María es «siempre Virgen»?

María es siempre virgen en el sentido de que ella «fue Virgen al con- 499-507
cebir a su Hijo, Virgen al parir, Virgen durante el embarazo, Virgen 511
después del parto, Virgen siempre» (San Agustín). Por tanto, cuando los Evangelios hablan de «hermanos y hermanas de Jesús», se refieren a parientes próximos de Jesús, según una expresión empleada en la Sagrada Escritura.

100. ¿De qué modo la maternidad espiritual de Maríaes universal?

María tuvo un único Hijo, Jesús, pero en Él su maternidad espiritual 501-507
se extiende a todos los hombres, que Jesús vino a salvar. Obediente 511
junto a Jesucristo, el nuevo Adán, la Virgen es la *nueva Eva*, la verdadera madre de los vivientes, que coopera con amor de madre al nacimiento y a la formación de todos en el orden de la gracia. Virgen y Madre, María es la figura de la Iglesia, su más perfecta realización.

101. ¿En qué sentido toda la vida de Cristo es *Misterio*?

Toda la vida de Cristo es acontecimiento de revelación: lo que es 512-521
visible en la vida terrena de Jesús conduce a su *Misterio invisible*, sobre 561-562
todo al *Misterio de su filiación divina*: «quien me ve a mí ve al Padre» (*Jn* 14, 9). Asimismo, aunque la salvación nos viene plenamente con la Cruz y la Resurrección, la vida entera de Cristo es *misterio de salvación*,

porque todo lo que Jesús ha hecho, dicho y sufrido tenía como fin salvar al hombre caído y restablecerlo en su vocación de hijo de Dios.

102. ¿Cuáles han sido las preparaciones históricas a los *Misterios* de Jesús?

522-524 Ante todo hay una larga esperanza de muchos siglos, que revivimos en la celebración litúrgica del tiempo de Adviento. Además de la oscura espera que ha puesto el corazón de los paganos, Dios ha preparado la venida de su Hijo mediante la Antigua Alianza, hasta *Juan el Bautista*, que es el último y el mayor de los profetas.

103. ¿Qué nos enseña el Evangelio sobre los *Misterios* del nacimiento y la infancia de Jesús?

525-530 En el *Nacimiento* de Jesús, la gloria del cielo se manifiesta en la debi-
563-564 lidad de un niño; la *circuncisión* es signo de su pertenencia al pueblo hebreo y prefiguración de nuestro Bautismo; la *Epifanía* es la manifestación del Rey-Mesías de Israel a todos los pueblos; durante la *presentación en el Templo*, en Simeón y Ana se concentra toda la expectación de Israel, que viene al *encuentro* de su Salvador; *la huida a Egipto* y la matanza de los inocentes anuncian que toda la vida de Cristo estará bajo el signo de la persecución; su *retorno de Egipto* recuerda el Éxodo y presenta a Jesús como el nuevo Moisés: Él es el verdadero y definitivo liberador.

104. ¿Qué nos enseña la vida oculta de Jesús en Nazaret?

533-534 Durante la vida oculta en Nazaret, Jesús permanece en el silencio de
564 una existencia ordinaria. Nos permite así entrar en comunión con Él en la santidad de la vida cotidiana, hecha de oración, sencillez, trabajo y amor familiar. La sumisión a María y a José, su padre legal, es imagen de la obediencia filial de Jesús al Padre. María y José, con su fe, acogen el misterio de Jesús, aunque no siempre lo comprendan.

105. ¿Por qué Jesús recibe de Juan el «bautismo de conversión para el perdón de los pecados» (Lc 3, 3)?

535-537 Jesús recibe de Juan el bautismo de conversión para inaugurar su vida
565 pública y anticipar el «Bautismo» de su muerte; y aunque no había en Él pecado alguno, Jesús, «el Cordero de Dios que quita el pecado del

mundo» (*Jn* 1, 29), acepta ser contado entre los pecadores. El Padre lo proclama su «Hijo predilecto» (*Mt* 3, 17), y el Espíritu viene a posarse sobre Él. El Bautismo de Jesús es la prefiguración de nuestro bautismo.

106. ¿Qué nos revelan las tentaciones de Jesús en el desierto?

Las tentaciones de Jesús en el desierto recapitulan la de Adán en el 538-540
paraíso y las de Israel en el desierto. Satanás tienta a Jesús en su obe- 566
diencia a la misión que el Padre le ha confiado. Cristo, nuevo Adán, resiste, y su victoria anuncia la de su pasión, en la que su amor filial dará suprema prueba de obediencia. La Iglesia se une particularmente a este Misterio en el tiempo litúrgico de la *Cuaresma.*

107. ¿Quién es invitado a formar parte del Reino de Dios, anunciado y realizado por Jesús?

Jesús invita a todos los hombres a entrar en el Reino de Dios; aún el 541-546
peor de los pecadores es llamado a convertirse y aceptar la infinita 567
misericordia del Padre. El Reino pertenece, ya aquí en la tierra, a quienes lo acogen con corazón humilde. A ellos les son revelados los misterios del Reino de Dios.

108. ¿Por qué Jesús manifiesta el Reino mediante signos y milagros?

Jesús acompaña su palabra con signos y milagros para atestiguar que 547-550
el Reino está presente en Él, el Mesías. Si bien cura a algunas personas, 567
Él no ha venido para abolir todos los males de esta tierra, sino ante todo para liberarnos de la esclavitud del pecado. La expulsión de los demonios anuncia que su Cruz se alzará victoriosa sobre «el príncipe de este mundo» (*Jn* 12, 31).

109. ¿Qué autoridad en el Reino confiere Jesús a sus Apóstoles?

Jesús elige a los *Doce*, futuros testigos de su Resurrección, y los hace 551-553
partícipes de su misión y de su autoridad para enseñar, absolver 567
los pecados, edificar y gobernar la Iglesia. En este colegio, Pedro recibe «las llaves del Reino» (*Mt* 16, 19) y ocupa el primer puesto, con la misión de custodiar la fe en su integridad y de confirmar en ella a sus hermanos.

110. ¿Cuál es el significado de la Transfiguración?

554-556 En la *Transfiguración* de Jesús aparece ante todo la Trinidad: «el Padre
568 en la voz, el Hijo en el hombre, el Espíritu en la nube luminosa» (Santo Tomás de Aquino). Al evocar, junto a Moisés y Elías, su «partida» (*Lc* 9, 31), Jesús muestra que su gloria pasa a través de la cruz, y otorga un anticipo de su resurrección y de su gloriosa venida, «que transfigurará este miserable cuerpo nuestro en un cuerpo glorioso como el suyo» (*Flp* 3, 21).

> *«En el monte te transfiguraste, Cristo Dios, y tus discípulos contemplaron tu gloria, en cuanto podían comprenderla. Así, cuando te viesen crucificado entenderían que padecías libremente y anunciarían al mundo que tú eres en verdad el resplandor del Padre»* (Liturgia bizantina).

111. ¿Cómo tuvo lugar la entrada mesiánica de Jesús en Jerusalén?

557-560 En el tiempo establecido, Jesús decide subir a Jerusalén para sufrir su
569-570 pasión, morir y resucitar. Como Rey-Mesías que manifiesta la venida del Reino, entra en la ciudad montado sobre un asno; y es acogido por los pequeños, cuya aclamación es recogida por el *Sanctus* de la Misa: «¡Bendito el que viene en nombre del Señor! ¡*Hosanna*! (¡*sálvanos*!)» (*Mt* 21, 9). Con la celebración de esta entrada en Jerusalén la liturgia de la Iglesia da inicio cada año a la Semana Santa.

«Jesucristo padeció bajo el poder de Poncio Pilato, fue crucificado, muerto y sepultado»

112. ¿Por qué es tan importante el *Misterio pascual* de Jesús?

571-573 El misterio pascual de Jesús, que comprende su Pasión, Muerte, Resurrección y Glorificación, está en el centro de la fe cristiana, porque el designio salvador de Dios se ha cumplido de una vez por todas con la muerte redentora de su Hijo, Jesucristo.

113. ¿Bajo qué acusaciones fue condenado Jesús?

574-576 Algunos jefes de Israel acusaron a Jesús de actuar contra la Ley, contra el Templo de Jerusalén y, particularmente, contra la fe en el Dios único, porque se proclamaba Hijo de Dios. Por ello lo entregaron a Pilato para que lo condenase a muerte.

114. ¿Cómo se comportó Jesús con la Ley de Israel?

Jesús no abolió la Ley dada por Dios a Moisés en el Sinaí, sino que la 577-582
perfeccionó, dándole su interpretación definitiva. Él es el Legislador 592
divino que ejecuta íntegramente esta Ley. Aún más, es el siervo fiel que, con su muerte expiatoria, ofrece el único sacrificio capaz de redimir todas «las transgresiones cometidas por los hombres contra la Primera Alianza» (*Hb* 9, 15).

115. ¿Cuál fue la actitud de Jesús hacia el Templo de Jerusalén?

Jesús fue acusado de hostilidad hacia al Templo. Sin embargo, lo 583-586
veneró como «la casa de su Padre» (*Jn* 2, 16), y allí impartió gran parte 593
de sus enseñanzas. Pero también predijo la destrucción del Templo, en relación con su propia muerte, y se presentó a sí mismo como la morada definitiva de Dios en medio de los hombres.

116. ¿Contradijo Jesús la fe de Israel en el Dios Único y Salvador?

Jesús nunca contradijo la fe en un Dios único, ni siquiera cuando 587-591
cumplía la obra divina por excelencia, que realizaba las promesas 594
mesiánicas y lo revelaba como igual a Dios: el perdón de los pecados. La exigencia de Jesús de creer en Él y convertirse permite entender la trágica incomprensión del Sanedrín, que juzgó que Jesús merecía la muerte como blasfemo.

117. ¿Quién es responsable de la muerte de Jesús?

La pasión y muerte de Jesús no pueden ser imputadas indistinta- 595-598
mente al conjunto de los judíos que vivían entonces, ni a los restantes judíos venidos después. Todo pecador, o sea todo hombre, es realmente causa e instrumento de los sufrimientos del Redentor; y aún más gravemente son culpables aquellos que más frecuentemente caen en pecado y se deleitan en los vicios, sobre todo si son cristianos.

118. ¿Por qué la muerte de Cristo forma parte del designio de Dios?

599-605 Al fin de reconciliar consigo a todos los hombres, destinados a la
619 muerte a causa del pecado, Dios tomó la amorosa iniciativa de enviar a su Hijo para que se entregara a la muerte por los pecadores. Anunciada ya en el Antiguo Testamento, particularmente como sacrificio del Siervo doliente, la muerte de Jesús tuvo lugar *según las Escrituras.*

119. ¿De qué modo Cristo se ofreció a sí mismo al Padre?

606-609 Toda la vida de Cristo es una oblación libre al Padre para dar
620 cumplimiento a su designio de salvación. Él da «su vida como rescate por muchos» (*Mc* 10, 45), y así reconcilia a toda la humanidad con Dios. Su sufrimiento y su muerte manifiestan cómo su humanidad fue el instrumento libre y perfecto del Amor divino, que quiere la salvación de todos los hombres.

120. ¿Cómo se manifiesta en la última Cena la oblación de Jesús?

610-611 En la última Cena con los Apóstoles, la víspera de su Pasión, Jesús
621 anticipa, es decir, significa y realiza anticipadamente la oblación libre de sí mismo: «Esto es mi Cuerpo que *será entregado por vosotros*», «ésta es mi sangre que será *derramada...*» (*Lc* 22, 19-20). De este modo, Jesús instituye, al mismo tiempo, la Eucaristía como «memorial» (*1 Cor* 11, 25) de su sacrificio, y a sus Apóstoles como sacerdotes de la nueva Alianza.

121. ¿Qué sucede en la agonía del huerto de Getsemaní?

612 En el huerto de Getsemaní, a pesar del horror que suponía la muerte para la humanidad absolutamente santa de Aquél que es «el autor de la vida» (*Hch* 3, 15), la voluntad humana del Hijo de Dios se adhiere a la voluntad del Padre; para salvarnos acepta soportar nuestros pecados en su cuerpo, «haciéndose obediente hasta la muerte» (*Flp* 2, 8).

122. ¿Cuáles son los efectos del sacrificio de Cristo en la Cruz?

613-617 Jesús ofreció libremente su vida en sacrificio expiatorio, es decir, ha
622-623 reparado nuestras culpas con la plena obediencia de su amor hasta

la muerte. Este amor hasta el extremo (cf. *Jn* 13, 1) del Hijo de Dios reconcilia a la humanidad entera con el Padre. El sacrificio pascual de Cristo rescata, por tanto, a los hombres de modo único, perfecto y definitivo, y les abre a la comunión con Dios.

123. ¿Por qué llama Jesús a sus discípulos a cargar con la propia cruz?

Al llamar a sus discípulos a tomar su cruz y seguirle (cf. *Mt* 16, 24), 618
Jesús quiere asociar a su sacrificio redentor a aquellos mismos que son sus primeros beneficiarios.

124. ¿En qué condiciones se encontraba el cuerpo de Cristo mientras estaba en el sepulcro?

Cristo sufrió una verdadera muerte, y verdaderamente fue sepul- 624-630
tado. Pero la virtud divina preservó su cuerpo de la corrupción.

Jesucristo descendió a los infiernos, al tercer día resucitó de entre los muertos

125. ¿Qué eran «los infiernos» a los que Jesús descendió?

Los «infiernos» –distintos del «infierno» de la condenación– consti- 632-637
tuían el estado de todos aquellos, justos e injustos, que habían muerto antes de Cristo. Con el alma unida a su Persona divina, Jesús tomó en los infiernos a los justos que aguardaban a su Redentor para poder acceder finalmente a la visión de Dios. Después de haber vencido, mediante su propia muerte, a la muerte y al diablo «que tenía el poder de la muerte» (*Hb* 2, 14), Jesús liberó a los justos, que esperaban al Redentor, y les abrió las puertas del Cielo.

126. ¿Qué lugar ocupa la Resurrección de Cristo en nuestra fe?

La Resurrección de Jesús es la verdad culminante de nuestra 631,638
fe en Cristo, y representa, con la Cruz, una parte esencial del misterio pascual.

127. ¿Qué «signos» atestiguan la Resurrección de Cristo?

639-644 Además del signo esencial, que es el sepulcro vacío, la resurrección
656-657 de Jesús es atestiguada por las mujeres, las primeras que encontraron a Jesús resucitado y lo anunciaron a los Apóstoles. Jesús después «se apareció a Cefas (Pedro) y luego a los Doce, más tarde se apareció a más de quinientos hermanos a la vez» (*1 Cor* 15, 5-6), y aún a otros. Los Apóstoles no pudieron inventar la resurrección, puesto que les parecía imposible: en efecto, Jesús les echó en cara su incredulidad.

128. ¿Por qué la Resurrección es también un acontecimiento trascendente?

647 La Resurrección de Cristo es un acontecimiento trascendente porque,
656-657 además de ser un evento histórico, verificado y atestiguado mediante signos y testimonios, transciende y sobrepasa la historia como misterio de la fe, en cuanto implica la entrada de la humanidad de Cristo en la gloria de Dios. Por este motivo, Cristo resucitado no se manifestó al mundo, sino a sus discípulos, haciendo de ellos sus testigos ante el pueblo.

129. ¿Cuál es el estado del cuerpo resucitado de Jesús?

645-646 La Resurrección de Cristo no es un retorno a la vida terrena. Su cuerpo resucitado es el mismo que fue crucificado, y lleva las huellas de su pasión, pero ahora participa ya de la vida divina, con las propiedades de un cuerpo glorioso. Por esta razón Jesús resucitado es soberanamente libre de aparecer a sus discípulos donde quiere y bajo diversas apariencias.

130. ¿De qué modo la Resurrección es obra de la Santísima Trinidad?

648-650 La Resurrección de Cristo es una obra trascendente de Dios. Las tres Personas divinas actúan conjuntamente, según lo que es propio de cada una: el Padre manifiesta su poder, el Hijo «recobra la vida, porque la ha dado libremente» (*Jn* 10, 17), reuniendo su alma y su cuerpo, que el Espíritu Santo vivifica y glorifica.

131. ¿Cuál es el sentido y el alcance salvífico de la Resurrección?

La Resurrección de Cristo es la culminación de la Encarnación. Es 651-655
una prueba de la divinidad de Cristo, confirma cuanto hizo y enseñó 658
y realiza todas las promesas divinas en nuestro favor. Además, el Resucitado, vencedor del pecado y de la muerte, es el principio de nuestra justificación y de nuestra resurrección: ya desde ahora nos procura la gracia de la adopción filial, que es real participación de su vida de Hijo unigénito; más tarde, al final de los tiempos, Él resucitará nuestro cuerpo.

«Jesucristo Subió a los cielos, y está sentado a la derecha de Dios, Padre Todopoderoso»

132. ¿Qué representa la Ascensión?

Cuarenta días después de haberse mostrado a los Apóstoles bajo los 659-667
rasgos de una humanidad ordinaria, que velaban su gloria de Resucitado, Cristo subió a los cielos y se sentó a la derecha del Padre. Desde entonces el Señor reina con su humanidad en la gloria eterna de Hijo de Dios, intercede incesantemente ante el Padre en favor nuestro, nos envía su Espíritu y nos da la esperanza de llegar un día junto a Él, al lugar que nos tiene preparado.

«Desde allí ha de venir a juzgar a vivos y muertos»

133. ¿Cómo reina ahora el Señor Jesús?

Como Señor del cosmos y de la historia, Cabeza de su Iglesia, Cristo 668-674
glorificado permanece misteriosamente en la tierra, donde su Reino 680
está ya presente, como germen y comienzo, en la Iglesia. Un día volverá en gloria, pero no sabemos el momento. Por esto, vivimos vigilantes, pidiendo: «¡Ven, Señor Jesús!» (*Ap* 22, 20).

134. ¿Cómo se realizará la venida del Señor en la gloria?

Después del último estremecimiento cósmico de este mundo que 675-677
pasa, la venida gloriosa de Cristo acontecerá con el triunfo definitivo 680

de Dios en la Parusía y con el Juicio final. Así se consumará el Reino de Dios.

135. ¿Cómo juzgará Cristo a los vivos y a los muertos?

678-679 Cristo juzgará a los vivos y a los muertos con el poder que ha obtenido
681-682 como Redentor del mundo, venido para salvar a los hombres. Los secretos de los corazones serán desvelados, así como la conducta de cada uno con Dios y el prójimo. Todo hombre será colmado de vida o condenado para la eternidad, según sus obras. Así se realizará «la plenitud de Cristo» (*Ef* 4, 13), en la que «Dios será todo en todos» (*1 Cor* 15, 28).

CAPÍTULO TERCERO
«Creo en El Espíritu Santo»

«Creo en el Espíritu Santo»

136. ¿Qué quiere decir la Iglesia cuando confiesa: «Creo en el Espíritu Santo»?

683-686 Creer en el Espíritu Santo es profesar la fe en la tercera Persona de la Santísima Trinidad, que procede del Padre y del Hijo y «que con el Padre y el Hijo recibe una misma adoración y gloria». El Espíritu Santo «ha sido enviado a nuestros corazones» (*Ga* 4, 6), a fin de que recibamos la nueva vida de hijos de Dios.

137. ¿Por qué la misión del Hijo y la del Espíritu son inseparables?

687-690 La misión del Hijo y la del Espíritu son inseparables porque en la
742-743 Trinidad indivisible, el Hijo y el Espíritu son distintos, pero inseparables. En efecto, desde el principio hasta el fin de los tiempos, cuando Dios envía a su Hijo, envía también su Espíritu, que nos une a Cristo en la fe, a fin de que podamos, como hijos adoptivos, llamar a Dios «Padre» (*Rm* 8, 15). El Espíritu es invisible, pero lo conocemos por medio de su acción, cuando nos revela el Verbo y cuando obra en la Iglesia.

138. ¿Cuáles son los apelativos del Espíritu Santo?

«Espíritu Santo» es el nombre propio de la tercera Persona de la Santísima Trinidad. Jesús lo llama también Espíritu Paráclito (Consolador, Abogado) y Espíritu de Verdad. El Nuevo Testamento lo llama Espíritu de Cristo, del Señor, de Dios, Espíritu de la gloria y de la promesa. 691-693

139. ¿Con qué símbolos se representa al Espíritu Santo?

Son numerosos los símbolos con los que se representa al Espíritu Santo: el *agua viva*, que brota del corazón traspasado de Cristo y sacia la sed de los bautizados; la *unción* con el óleo, que es signo sacramental de la Confirmación; el *fuego*, que transforma cuanto toca; la *nube* oscura y luminosa, en la que se revela la gloria divina; la *imposición de manos*, por la cual se nos da el Espíritu; y la *paloma*, que baja sobre Cristo en su bautismo y permanece en Él. 694-701

140. ¿Qué significa que el Espíritu «habló por los profetas»?

Con el término «profetas» se entiende a cuantos fueron inspirados 687-688
por el Espíritu Santo para hablar en nombre de Dios. La obra reve- 702-706
ladora del Espíritu en las profecías del Antiguo Testamento halla 743
su cumplimiento en la revelación plena del misterio de Cristo en el Nuevo Testamento.

141. ¿Cuál es la obra del Espíritu Santo en Juan el Bautista?

El Espíritu colma con sus dones a Juan el Bautista, el último profeta del Antiguo Testamento, quien, bajo la acción del Espíritu, es enviado para que «prepare al Señor un pueblo bien dispuesto» (*Lc* 1, 17) y anunciar la venida de Cristo, Hijo de Dios: aquel sobre el que ha visto descender y permanecer el Espíritu, «aquel que bautiza en el Espíritu» (*Jn* 1, 33). 717-720

142. ¿Cuál es la obra del Espíritu Santo en María?

El Espíritu Santo culmina en María las expectativas y la preparación 721-726
del Antiguo Testamento para la venida de Cristo. De manera única la 744
llena de gracia y hace fecunda su virginidad, para dar a luz al Hijo de Dios encarnado. Hace de Ella la Madre del «Cristo total», es decir, de

Jesús Cabeza y de la Iglesia su cuerpo. María está presente entre los Doce el día de Pentecostés, cuando el Espíritu inaugura los «últimos tiempos» con la manifestación de la Iglesia.

143. ¿Qué relación existe entre el Espíritu y Jesucristo, en su misión en la tierra?

727-730 Desde el primer instante de la Encarnación, el Hijo de Dios, por la
745-746 unción del Espíritu Santo, es consagrado Mesías en su humanidad. Jesucristo revela al Espíritu con su enseñanza, cumpliendo la promesa hecha a los Padres, y lo comunica a la Iglesia naciente, exhalando su aliento sobre los Apóstoles después de su Resurrección.

144. ¿Qué sucedió el día de Pentecostés?

731-732 En Pentecostés, cincuenta días después de su Resurrección, Jesucristo
738 glorificado infunde su Espíritu en abundancia y lo manifiesta como Persona divina, de modo que la Trinidad Santa queda plenamente revelada. La misión de Cristo y del Espíritu se convierte en la misión de la Iglesia, enviada para anunciar y difundir el misterio de la comunión trinitaria.

> *«Hemos visto la verdadera Luz, hemos recibido el Espíritu celestial, hemos encontrado la verdadera fe: adoramos la Trinidad indivisible porque Ella nos ha salvado»* (Liturgia bizantina. Tropario de las vísperas de Pentecostés).

145. ¿Qué hace el Espíritu Santo en la Iglesia?

733-741 El Espíritu Santo edifica, anima y santifica a la Iglesia; como Espíritu
747 de Amor, devuelve a los bautizados la semejanza divina, perdida a causa del pecado, y los hace vivir en Cristo la vida misma de la Trinidad Santa. Los envía a dar testimonio de la Verdad de Cristo y los organiza en sus respectivas funciones, para que todos den «el fruto del Espíritu» (*Ga* 5, 22).

146. ¿Cómo actúan Cristo y su Espíritu en el corazón de los bautizados?

Por medio de los *sacramentos*, Cristo comunica su Espíritu a los miem- 738-741
bros de su Cuerpo, y la gracia de Dios, que da frutos de *vida nueva*, según el Espíritu. El Espíritu Santo, finalmente, es el Maestro de la *oración*.

«Creo en La Santa Iglesia Católica»

La Iglesia en el designio de Dios

147. ¿Qué designamos con la palabra «Iglesia»?

Con el término «Iglesia» se designa al pueblo que Dios convoca y 751-752
reúne desde todos los confines de la tierra, para constituir la asam- 777,804
blea de todos aquellos que, por la fe y el Bautismo, han sido hechos hijos de Dios, miembros de Cristo y templo del Espíritu Santo.

148. ¿Hay otros nombres e imágenes con los que la Biblia designe a la Iglesia?

En la Sagrada Escritura encontramos muchas imágenes que ponen de 753-757
relieve aspectos complementarios del misterio de la Iglesia. El Antiguo Testamento prefiere imágenes ligadas al *pueblo de Dios*; el Nuevo Testamento aquellas vinculadas a Cristo como Cabeza de este pueblo, que es su Cuerpo, y las imágenes sacadas de la vida pastoril (redil, grey, ovejas), agrícola (campo, olivo, viña), de la construcción (morada, piedra, templo) y familiar (esposa, madre, familia).

149. ¿Cuál es el origen y la consumación de la Iglesia?

La Iglesia tiene su origen y realización en el designio eterno de Dios. 758-766
Fue preparada en la Antigua Alianza con la elección de Israel, signo 778
de la reunión futura de todas las naciones. Fundada por las palabras y las acciones de Jesucristo, fue realizada, sobretodo, mediante su muerte redentora y su resurrección. Más tarde, se manifestó como misterio de salvación mediante la efusión del Espíritu Santo en Pentecostés. Al final de los tiempos, alcanzará su consumación como asamblea celestial de todos los redimidos.

150. ¿Cuál es la misión de la Iglesia?

767-769 La misión de la Iglesia es la de anunciar e instaurar entre todos los pueblos el Reino de Dios inaugurado por Jesucristo. La Iglesia es el germen e inicio sobre la tierra de este Reino de salvación.

151. ¿En qué sentido la Iglesia es *Misterio*?

770-773 La Iglesia es *Misterio* en cuanto que en su realidad visible se hace pre-
779 sente y operante una realidad espiritual y divina, que se percibe solamente con los ojos de la fe.

152. ¿Qué significa que la Iglesia es sacramento universal de salvación?

774-776 La Iglesia es sacramento universal de salvación en cuanto es signo e
780 instrumento de la reconciliación y la comunión de toda la humanidad con Dios, así como de la unidad de todo el género humano.

La Iglesia: Pueblo de Dios, cuerpo de Cristo y templo del Espíritu Santo

153. ¿Por qué la Iglesia es el pueblo de Dios?

781 La Iglesia es el pueblo de Dios porque Él quiso santificar y salvar a los
802-804 hombres no aisladamente, sino constituyéndolos en un solo pueblo, reunido en la unidad del Padre, del Hijo y del Espíritu Santo.

154. ¿Cuáles son las características del pueblo de Dios?

782 Este pueblo, del que se llega a ser miembro mediante la fe en Cristo y el Bautismo, tiene por *origen* a Dios Padre, por *cabeza* a Jesucristo, por *condición* la dignidad y la libertad de los hijos de Dios, por *ley* el mandamiento nuevo del amor, por *misión* la de ser sal de la tierra y luz del mundo, por *destino* el Reino de Dios, ya iniciado en la Tierra.

155. ¿En qué sentido el pueblo de Dios participa de las tres funciones de Cristo: Sacerdote, Profeta y Rey?

783-786 El pueblo de Dios participa del oficio *sacerdotal* de Cristo en cuanto los bautizados son consagrados por el Espíritu Santo para ofrecer sacrificios espirituales; participa de su oficio *profético* cuando, con el sentido sobrenatural de la fe, se adhiere indefectiblemente a ella, la profundiza y la testimonia; participa de su función *regia* con el servicio, imitando a Jesucristo, quien siendo rey del universo, se hizo siervo de todos, sobre todo de los pobres y los que sufren.

156. ¿De qué modo la Iglesia es cuerpo de Cristo?

La Iglesia es cuerpo de Cristo porque, por medio del Espíritu, Cristo 787-791
muerto y resucitado une consigo íntimamente a sus fieles. De este 805-806
modo los creyentes en Cristo, en cuanto íntimamente unidos a Él, sobre todo en la Eucaristía, se unen entre sí en la caridad, formando un solo cuerpo, la Iglesia. Dicha unidad se realiza en la diversidad de miembros y funciones.

157. ¿Quién es la cabeza de este Cuerpo?

Cristo «es la Cabeza del Cuerpo, que es la Iglesia» (*Col* 1, 18). La Iglesia 792-795
vive de Él, en Él y por Él. Cristo y la Iglesia forman el «Cristo total» 807
(San Agustín); «la Cabeza y los miembros, como si fueran una sola persona mística» (Santo Tomás de Aquino).

158. ¿Por qué llamamos a la Iglesia esposa de Cristo?

Llamamos a la Iglesia esposa de Cristo porque el mismo Señor se 796
definió a sí mismo como «el esposo» (*Mc* 2, 19), que ama a la Iglesia 808
uniéndola a sí con una Alianza eterna. Cristo se ha entregado por ella para purificarla con su sangre, «santificarla» (*Ef* 5, 26) y hacerla Madre fecunda de todos los hijos de Dios. Mientras el término «cuerpo» manifiesta la unidad de la «cabeza» con los miembros, el término «esposa» acentúa la distinción de ambos en la relación personal.

159. ¿Por qué la Iglesia es llamada templo del Espíritu Santo?

La Iglesia es llamada templo del Espíritu Santo porque el Espíritu 797-798
vive en el cuerpo que es la Iglesia: en su Cabeza y en sus miembros; 809-810
Él además edifica la Iglesia en la caridad con la Palabra de Dios, los sacramentos, las virtudes y los *carismas*.

«Lo que nuestro espíritu, es decir, nuestra alma, es para nuestros miembros, eso mismo es el Espíritu Santo para los miembros de Cristo, para el Cuerpo de Cristo, que es la Iglesia» (San Agustín).

160. ¿Qué son los carismas?

799-801 Los carismas son dones especiales del Espíritu Santo concedidos a cada uno para el bien de los hombres, para las necesidades del mundo y, en particular, para la edificación de la Iglesia, a cuyo Magisterio compete el discernimiento sobre ellos.

La Iglesia es una, santa, católica y apostólica

161. ¿Por qué la Iglesia es *una*?

813-815 La Iglesia es una porque tiene como origen y modelo la unidad de un
866 solo Dios en la Trinidad de las Personas; como fundador y cabeza a Jesucristo, que restablece la unidad de todos los pueblos en un solo cuerpo; como alma al Espíritu Santo que une a todos los fieles en la comunión en Cristo. La Iglesia tiene una sola fe, una sola vida sacramental, una única sucesión apostólica, una común esperanza y la misma caridad.

162. ¿Dónde subsiste la única Iglesia de Cristo?

816 La única Iglesia de Cristo, como sociedad constituida y organizada
870 en el mundo, subsiste (*subsistit in*) en la Iglesia católica, gobernada por el sucesor de Pedro y por los obispos en comunión con él. Sólo por medio de ella se puede obtener la plenitud de los medios de salvación, puesto que el Señor ha confiado todos los bienes de la Nueva Alianza únicamente al colegio apostólico, cuya cabeza es Pedro.

163. ¿Cómo se debe considerar entonces a los cristianos no católicos?

817-819 En las Iglesias y comunidades eclesiales que se separaron de la plena comunión con la Iglesia católica, se hallan muchos elementos de santificación y verdad. Todos estos bienes proceden de Cristo e impulsan hacia la unidad católica. Los miembros de estas Iglesias y comunidades se incorporan a Cristo en el Bautismo, por ello los reconocemos como hermanos.

164. ¿Cómo comprometerse en favor de la unidad de los cristianos?

El deseo de restablecer la unión de todos los cristianos es un don de 820-822
Cristo y un llamamiento del Espíritu; concierne a toda la Iglesia y 866
se actúa mediante la conversión del corazón, la oración, el recíproco conocimiento fraterno y el diálogo teológico.

165. ¿En qué sentido la iglesia es *santa*?

La Iglesia es santa porque Dios santísimo es su autor; Cristo se ha 823-829
entregado a sí mismo por ella, para santificarla y hacerla santificante; 867
el Espíritu Santo la vivifica con la caridad. En la Iglesia se encuentra la plenitud de los medios de salvación. La santidad es la vocación de cada uno de sus miembros y el fin de toda su actividad. Cuenta en su seno con la Virgen María e innumerables santos, como modelos e intercesores. La santidad de la Iglesia es la fuente de la santificación de sus hijos, los cuales, aquí en la tierra, se reconocen todos pecadores, siempre necesitados de conversión y de purificación.

166. ¿Por qué decimos que la Iglesia es *católica*?

La Iglesia es *católica*, es decir *universal*, en cuanto en ella Cristo está 830-831
presente: «Allí donde está Cristo Jesús, está la Iglesia Católica» (San 868
Ignacio de Antioquía). La Iglesia anuncia la totalidad y la integridad de la fe; lleva en sí y administra la plenitud de los medios de salvación; es enviada en misión a todos los pueblos, pertenecientes a cualquier tiempo o cultura.

167. ¿Es católica la Iglesia *particular*?

Es católica toda Iglesia *particular*, (esto es la *diócesis* y la *eparquía*), for- 832-835
mada por la comunidad de los cristianos que están en comunión, en la fe y en los sacramentos, con su obispo ordenado en la sucesión apostólica y con la Iglesia de Roma, «que preside en la caridad» (San Ignacio de Antioquía).

168. ¿Quién pertenece a la Iglesia católica?

836-838 Todos los hombres, de modos diversos, pertenecen o están ordenados a la unidad católica del pueblo de Dios. Está plenamente incorporado a la Iglesia Católica quien, poseyendo el Espíritu de Cristo, se encuentra unido a la misma por los vínculos de la profesión de fe, de los sacramentos, del gobierno eclesiástico y de la comunión. Los bautizados que no realizan plenamente dicha unidad católica están en una cierta comunión, aunque imperfecta, con la Iglesia católica.

169. ¿Cuál es la relación de la Iglesia católica con el pueblo judío?

839-840 La Iglesia católica se reconoce en relación con el pueblo judío por el hecho de que Dios eligió a este pueblo, antes que a ningún otro, para que acogiera su Palabra. Al pueblo judío pertenecen «la adopción como hijos, la gloria, las alianzas, la legislación, el culto, las promesas, los patriarcas; de él procede Cristo según la carne» (*Rom* 9, 4-5). A diferencia de las otras religiones no cristianas, la fe judía es ya una respuesta a la Revelación de Dios en la Antigua Alianza.

170. ¿Qué vínculo existe entre la Iglesia católica y las religiones no cristianas?

841-845 El vínculo entre la Iglesia católica y las religiones no cristianas proviene, ante todo, del origen y el fin comunes de todo el género humano. La Iglesia católica reconoce que cuanto de bueno y verdadero se encuentra en las otras religiones viene de Dios, es reflejo de su verdad, puede preparar para la acogida del Evangelio y conducir hacia la unidad de la humanidad en la Iglesia de Cristo.

171. ¿Qué significa la afirmación «fuera de la Iglesia no hay salvación»?

846-848 La afirmación «fuera de la Iglesia no hay salvación» significa que toda salvación viene de Cristo-Cabeza por medio de la Iglesia, que es su cuerpo. Por lo tanto no pueden salvarse quienes, conociendo la Iglesia como fundada por Cristo y necesaria para la salvación, no entran y no perseveran en ella. Al mismo tiempo, gracias a Cristo y a su Iglesia, pueden alcanzar la salvación eterna todos aquellos que, sin culpa alguna, ignoran el Evangelio de Cristo y su Iglesia, pero buscan sinceramente a Dios y, bajo el influjo de la gracia, se esfuerzan en cumplir su voluntad, conocida mediante el dictamen de la conciencia.

172. ¿Por qué la Iglesia debe anunciar el Evangelio a todo el mundo?

La Iglesia debe anunciar el Evangelio a todo el mundo porque Cristo 849-851
ha ordenado: «Id, pues, y haced discípulos a todas las gentes, bautizándolas en el nombre del Padre, del Hijo y del Espíritu Santo» (*Mt* 28, 19). Este mandato misionero del Señor tiene su fuente en el amor eterno de Dios, que ha enviado a su Hijo y a su Espíritu porque «quiere que todos los hombres se salven y lleguen al conocimiento de la verdad» (*1 Tm* 2, 4).

173. ¿De qué modo la Iglesia es misionera?

La Iglesia es misionera porque, guiada por el Espíritu Santo, continúa 852-856
a lo largo de los siglos la misión del mismo Cristo. Por tanto, los cristianos deben anunciar a todos la Buena Noticia traída por Jesucristo, siguiendo su camino y dispuestos incluso al sacrificio de sí mismos hasta el martirio.

174. ¿Por qué la Iglesia es *apostólica?*

La Iglesia es apostólica por su *origen,* ya que fue construída «sobre el 857
fundamento de los apóstoles» (*Ef* 2, 20); por su *enseñanza,* que es la 869
misma de los apóstoles; por su *estructura,* en cuanto es instruida, santificada y gobernada, hasta la vuelta de Cristo, por los Apóstoles, gracias a sus sucesores, los obispos, en comunión con el sucesor de Pedro.

175. ¿En qué consiste la misión de los Apóstoles?

La palabra *Apóstol* significa enviado. Jesús, el Enviado del Padre, 858-861
llamó consigo a doce de entre sus discípulos, y los constituyó como Apóstoles suyos, convirtiéndolos en testigos escogidos de su Resurrección y en fundamentos de su Iglesia. Jesús les dio el mandato de continuar su misión, al decirles: «Como el Padre me ha enviado, así también os envío yo» (*Jn* 20, 21) y al prometerles que estaría con ellos hasta el fin del mundo.

176. ¿Qué es la sucesión apostólica?

861-865 La sucesión apostólica es la transmisión, mediante el sacramento del Orden, de la misión y la potestad de los Apóstoles a sus sucesores, los obispos. Gracias a esta transmisión, la Iglesia se mantiene en comunión de fe y de vida con su origen, mientras a lo largo de los siglos ordena todo su apostolado a la difusión del Reino de Cristo sobre la tierra.

Los fieles: jerarquía, laicos, vida consagrada

177. ¿Quiénes son los fieles?

871-872 Los fieles son aquellos que, incorporados a Cristo mediante el Bau-
934 tismo, han sido constituidos miembros del pueblo de Dios; han sido hecho partícipes, cada uno según su propia condición, de la función sacerdotal, profética y real de Cristo, y son llamados a llevar a cabo la misión confiada por Dios a la Iglesia. Entre ellos hay una verdadera igualdad en su dignidad de hijos de Dios.

178. ¿Cómo está formado el pueblo de Dios?

873 En la Iglesia, por institución divina, hay *ministros sagrados*, que han recibido el sacramento del Orden y forman la jerarquía de la Iglesia. A los demás fieles se les llama *laicos*. De unos y otros provienen fieles que se *consagran* de modo especial a Dios por la profesión de los consejos evangélicos: castidad en el celibato, pobreza y obediencia.

179. ¿Por qué Cristo instituyó la jerarquía eclesiástica?

874-877 Cristo instituyó la jerarquía eclesiástica con la misión de apacentar al
935 pueblo de Dios en su nombre, y para ello le dio autoridad. La jerarquía está formada por los ministros sagrados: obispos, presbíteros y diáconos. Gracias al sacramento del Orden, los obispos y presbíteros actúan, en el ejercicio de su ministerio, en nombre y en la persona de Cristo cabeza; los diáconos sirven al pueblo de Dios en la *diaconía* (servicio) de la palabra, de la liturgia y de la caridad.

180. ¿En qué consiste la dimensión colegial del ministerio de la Iglesia?

A ejemplo de los doce Apóstoles, elegidos y enviados juntos por 877
Cristo, la unión de los miembros de la jerarquía eclesiástica está al servicio de la comunión de todos los fieles. Cada obispo ejerce su ministerio como miembro del colegio episcopal, en comunión con el Papa, haciéndose partícipe con él de la solicitud por la Iglesia universal. Los sacerdotes ejercen su ministerio en el presbiterio de la Iglesia particular, en comunión con su propio obispo y bajo su guía.

181. ¿Por qué el ministerio eclesial tiene también un carácter personal?

El ministerio eclesial tiene también un carácter personal, en cuanto 878-879
que, en virtud del sacramento del Orden, cada uno es responsable ante Cristo, que lo ha llamado personalmente, confiriéndole la misión.

182. ¿Cuál es la misión del Papa?

El Papa, Obispo de Roma y sucesor de San Pedro, es el perpetuo y 881-882
visible principio y fundamento de la unidad de la Iglesia. Es el Vicario 936-937
de Cristo, cabeza del colegio de los obispos y pastor de toda la Iglesia, sobre la que tiene, por institución divina, la potestad plena, suprema, inmediata y universal.

183. ¿Cuál es la función del colegio de los obispos?

El colegio de los obispos, en comunión con el Papa y nunca sin él, 883-885
ejerce también él la potestad suprema y plena sobre la Iglesia.

184. ¿Cómo ejercen los obispos la misión de enseñar?

Los obispos, en comunión con el Papa, tienen el deber de anunciar a 888-890
todos el Evangelio, fielmente y con autoridad, como testigos auténti- 939
cos de la fe apostólica, revestidos de la autoridad de Cristo. Mediante el sentido sobrenatural de la fe, el Pueblo de Dios se adhiere indefectiblemente a la fe, bajo la guía del Magisterio vivo de la Iglesia.

185. ¿Cuándo se ejerce la infalibilidad del Magisterio?

891 La infalibilidad del Magisterio se ejerce cuando el Romano Pontífice, en virtud de su autoridad de Supremo Pastor de la Iglesia, o el colegio de los obispos en comunión con el Papa, sobre todo reunido en un Concilio Ecuménico, proclaman con acto definitivo una doctrina referente a la fe o a la moral; y también cuando el Papa y los obispos, en su Magisterio ordinario, concuerdan en proponer una doctrina como definitiva. Todo fiel debe adherirse a tales enseñanzas con el obsequio de la fe.

186. ¿Cómo ejercen los obispos la misión de santificar?

893 Los obispos ejercen su función de santificar a la Iglesia cuando dispensan la gracia de Cristo, mediante el ministerio de la palabra y de los sacramentos, en particular de la Eucaristía; y también con su oración, su ejemplo y su trabajo.

187. ¿Cómo ejercen los obispos la misión de gobernar?

894-896 Cada obispo, en cuanto miembro del colegio episcopal, ejerce colegialmente la solicitud por todas las Iglesias particulares y por toda la Iglesia, junto con los demás obispos unidos al Papa. El obispo, a quien se ha confiado una Iglesia particular, la gobierna con la autoridad de su sagrada potestad propia, ordinaria e inmediata, ejercida en nombre de Cristo, Buen Pastor, en comunión con toda la Iglesia y bajo la guía del sucesor de Pedro.

188. ¿Cuál es la vocación de los fieles laicos?

897-900 Los fieles laicos tienen como vocación propia la de buscar el Reino de
940 Dios, iluminando y ordenando las realidades temporales según Dios. Responden así a la llamada a la santidad y al apostolado, que se dirige a todos los bautizados.

189. ¿Cómo participan los fieles laicos en la misión sacerdotal de Cristo?

901-903 Los laicos participan en la misión sacerdotal de Cristo cuando ofrecen como sacrificio espiritual «agradable a Dios por mediación de Jesucristo» (*1 P* 2, 5), sobre todo en la Eucaristía, la propia vida con todas las obras, oraciones e iniciativas apostólicas, la vida familiar y el trabajo diario, las molestias de la vida sobrellevadas con paciencia, así como los descansos físicos y consuelos espirituales. De esta manera, también los laicos, dedicados a Cristo y consagrados por el Espíritu Santo, ofrecen a Dios el mundo mismo.

190. ¿Cómo participan los fieles laicos en la misión profética de Cristo?

Los laicos participan en la misión profética de Cristo cuando acogen 904-907
cada vez mejor en la fe la Palabra de Cristo, y la anuncian al mundo 942
con el testimonio de la vida y de la palabra, mediante la evangelización y la catequesis. Este apostolado «adquiere una eficacia particular porque se realiza en las condiciones generales de nuestro mundo» (*Lumen Gentium* 35).

191. ¿Cómo participan los fieles laicos en la misión regia de Cristo?

Los laicos participan en la misión regia de Cristo porque reciben de Él 908-913
el poder de vencer el pecado en sí mismos y en el mundo, por medio 943
de la abnegación y la santidad de la propia vida. Los laicos ejercen diversos ministerios al servicio de la comunidad, e impregnan de valores morales las actividades temporales del hombre y las instituciones de la sociedad.

192. ¿Qué es la vida consagrada?

La vida consagrada es un estado de vida reconocido por la Iglesia; 914-916
una respuesta libre a una llamada particular de Cristo, mediante la 944
cual los consagrados se dedican totalmente a Dios y tienden a la perfección de la caridad, bajo la moción del Espíritu Santo. Esta consagración se caracteriza por la práctica de los consejos evangélicos.

193. ¿Qué aporta la vida consagrada a la misión de la Iglesia?

La vida consagrada participa en la misión de la Iglesia mediante una 931-933
plena entrega a Cristo y a los hermanos, dando testimonio de la espe- 945
ranza del Reino de los Cielos.

Creo en la comunión de los santos

194. ¿Qué significa la expresión «comunión de los santos»?

946-953 La expresión «comunión de los santos» indica, ante todo, la común
960 participación de todos los miembros de la Iglesia en las cosas santas (*sancta*): la fe, los sacramentos, en particular en la Eucaristía, los carismas y otros dones espirituales. En la raíz de la comunión está la caridad que «no busca su propio interés» (*1 Cor* 13, 5), sino que impulsa a los fieles a «poner todo en común» (*Hch* 4, 32), incluso los propios bienes materiales, para el servicio de los más pobres.

195. ¿Qué otra significación tiene la expresión «comunión de los santos»?

954-959 La expresión «comunión de los santos» designa también la comunión
961-962 entre las personas santas (*sancti*), es decir, entre quienes por la gracia están unidos a Cristo muerto y resucitado. Unos viven aún peregrinos en este mundo; otros, ya difuntos, se purifican, ayudados también por nuestras plegarias; otros, finalmente, gozan ya de la gloria de Dios e interceden por nosotros. Todos juntos forman en Cristo una sola familia, la Iglesia, para alabanza y gloria de la Trinidad.

María, Madre de Cristo, Madre de la Iglesia

196. ¿En qué sentido la Bienaventurada Virgen María es Madre de la Iglesia?

963-966 La Bienaventurada Virgen María es Madre de la Iglesia en el orden
973 de la gracia, porque ha dado a luz a Jesús, el Hijo de Dios, Cabeza del Cuerpo que es la Iglesia. Jesús, agonizante en la cruz, la dio como madre al discípulo con estas palabras: «Ahí tienes a tu madre» (*Jn* 19, 27).

197. ¿Cómo ayuda la Virgen María a la Iglesia?

967-970 Después de la Ascensión de su Hijo, la Virgen María ayudó con su oración a los comienzos de la Iglesia. Incluso tras su Asunción al cielo, ella continúa intercediendo por sus hijos, siendo para todos un modelo de fe y de caridad y ejerciendo sobre ellos un influjo salvífico, que mana de la sobreabundancia de los méritos de Cristo. Los fieles ven en María una imagen y un anticipo de la resurrección que les espera, y la invocan como abogada, auxiliadora, socorro y mediadora.

198. ¿Qué tipo de culto se rinde a la Virgen María?

A la Virgen María se le rinde un culto singular, que se diferencia 971
esencialmente del culto de adoración, que se rinde sólo a la Santísima Trinidad. Este culto de especial veneración encuentra su particular expresión en las fiestas litúrgicas dedicadas a la Madre de Dios y en la oración mariana, como el santo Rosario, compendio de todo el Evangelio.

199. ¿De qué modo la Virgen María es icono escatológico de la Iglesia?

Contemplando a María, la toda santa, ya glorificada en cuerpo y alma, 972
la Iglesia ve en ella lo que la propia Iglesia está llamada a ser sobre la 974-975
tierra y aquello que será en la patria celestial.

«Creo en el perdón de los pecados»

200. ¿Cómo se perdonan los pecados?

El primero y principal sacramento para el perdón de los pecados es el 976-980
Bautismo. Para los pecados cometidos después del Bautismo, Cristo 984-985
instituyó el sacramento de la Reconciliación o Penitencia, por medio del cual el bautizado se reconcilia con Dios y con la Iglesia.

201. ¿Por qué la Iglesia tiene el poder de perdonar los pecados?

La Iglesia tiene la misión y el poder de perdonar los pecados porque el 981-983
mismo Cristo se lo ha dado: «Recibid el Espíritu Santo, a quienes perdonéis los pecados, les quedan perdonados, a quienes se los retengáis, les quedan retenidos» (*Jn* 20, 22-23). 986-987

«Creo en la resurrección de la carne»

202. ¿Qué se indica con el término «carne» y cuál es su importancia?

990 El término «carne» designa al hombre en su condición de debilidad
1015 y mortalidad. «La carne es soporte de la salvación» (Tertuliano). En efecto, creemos en Dios que es el Creador de la carne; creemos en el Verbo hecho carne para rescatar la carne; creemos en la resurrección de la carne, perfección de la creación y de la redención de la carne.

203. ¿Qué significa la expresión «resurrección de la carne»?

990 La expresión «resurrección de la carne» significa que el estado definitivo del hombre no será solamente el alma espiritual separada del cuerpo, sino que también nuestros cuerpos mortales un día volverán a tener vida.

204. ¿Qué relación existe entre la resurrección de Cristo y la nuestra?

988-991 Así como Cristo ha resucitado verdaderamente de entre los muertos y
1002-1003 vive para siempre, así también Él resucitará a todos en el último día, con un cuerpo incorruptible: «los que hayan hecho el bien resucitarán para la vida, y los que hayan hecho el mal, para la condenación» (*Jn* 5, 29).

205. ¿Qué sucede con la muerte a nuestro cuerpo y a nuestra alma?

992-1004 Con la muerte, que es separación del alma y del cuerpo, éste cae en
1016-1018 la corrupción, mientras el alma, que es inmortal, va al encuentro del juicio de Dios y espera volverse a unir al cuerpo, cuando éste resurja transformado en la segunda venida del Señor. Comprender *cómo* tendrá lugar la resurrección sobrepasa la posibilidad de nuestra imaginación y entendimiento.

206. ¿Qué significa morir en Cristo Jesús?

1005-1014 Morir en Cristo Jesús significa morir en gracia de Dios, sin pecado
1019 mortal. Así el creyente en Cristo, siguiendo su ejemplo, puede trans-

formar la propia muerte en un acto de obediencia y de amor al Padre. «Es cierta esta afirmación: si hemos muerto con él, también viviremos con él» (2 *Tm* 2, 11).

«Creo en la vida eterna»

207. ¿Qué es la vida eterna?

La vida eterna es la que comienza inmediatamente después de la 1020
muerte. Esta vida no tendrá fin; será precedida para cada uno por un 1051
juicio particular por parte de Cristo, juez de vivos y muertos, y será ratificada en el juicio final.

208. ¿Qué es el juicio particular?

Es el juicio de retribución inmediata, que, en el momento de la muerte, 1021-1022
cada uno recibe de Dios en su alma inmortal, en relación con su fe y 1051
sus obras. Esta retribución consiste en el acceso a la felicidad del cielo, inmediatamente o después de una adecuada purificación, o bien de la condenación eterna al infierno.

209. ¿Qué se entiende por cielo?

Por cielo se entiende el estado de felicidad suprema y definitiva. 1023-1026
Todos aquellos que mueren en gracia de Dios y no tienen necesidad 1053
de posterior purificación, son reunidos en torno a Jesús, a María, a los ángeles y a los santos, formando así la Iglesia del cielo, donde ven a Dios «cara a cara» (1 Cor 13, 12), viven en comunión de amor con la Santísima Trinidad e interceden por nosotros.

> *«La vida subsistente y verdadera es el Padre que, por el Hijo y en el Espíritu Santo, derrama sobre todos sin excepción los dones celestiales. Gracias a su misericordia, nosotros también, hombres, hemos recibido la promesa indefectible de la vida eterna»* (San Cirilo de Jerusalén).

210. ¿Qué es el purgatorio?

1030-1031 El purgatorio es el estado de los que mueren en amistad con Dios pero,
1054 aunque están seguros de su salvación eterna, necesitan aún de purificación para entrar en la eterna bienaventuranza.

211. ¿Cómo podemos ayudar en la purificación de las almas del purgatorio?

1032 En virtud de la comunión de los santos, los fieles que peregrinan aún en la tierra pueden ayudar a las almas del purgatorio ofreciendo por ellas oraciones de sufragio, en particular el sacrificio de la Eucaristía, pero también limosnas, indulgencias y obras de penitencia.

212. ¿En qué consiste el infierno?

1033-1035 Consiste en la condenación eterna de todos aquellos que mueren, por
1056-1057 libre elección, en pecado mortal. La pena principal del infierno consiste en la separación eterna de Dios, en quien únicamente encuentra el hombre la vida y la felicidad para las que ha sido creado y a las que aspira. Cristo mismo expresa esta realidad con las palabras «Alejaos de mí, malditos al fuego eterno» (*Mt* 25, 41).

213. ¿Cómo se concilia la existencia del infierno con la infinita bondad de Dios?

1036-1037 Dios quiere que «todos lleguen a la conversión» (*2 P* 3, 9), pero, habiendo creado al hombre libre y responsable, respeta sus decisiones. Por tanto, es el hombre mismo quien, con plena autonomía, se excluye voluntariamente de la comunión con Dios si, en el momento de la propia muerte, persiste en el pecado mortal, rechazando el amor misericordioso de Dios.

214. ¿En qué consistirá el juicio final?

1038-1041 El juicio final (universal) consistirá en la sentencia de vida bienaven-
1058-1059 turada o de condena eterna que el Señor Jesús, retornando como juez de vivos y muertos, emitirá respecto «de los justos y de los pecadores» (*Hch* 24, 15), reunidos todos juntos delante de sí. Tras del juicio final, el cuerpo resucitado participará de la retribución que el alma ha recibido en el juicio particular.

215. ¿Cuándo tendrá lugar este juicio?

El juicio final sucederá al fin del mundo, del que sólo Dios conoce el día y la hora. 1040

216. ¿Qué es la esperanza de los cielos nuevos y de la tierra nueva?

Después del juicio final, el universo entero, liberado de la esclavitud 1042-1050
de la corrupción, participará de la gloria de Cristo, inaugurando «los 1060
nuevos cielos y la tierra nueva» (*2 P* 3, 13). Así se alcanzará la plenitud del Reino de Dios, es decir, la realización definitiva del designio salvífico de Dios de «hacer que todo tenga a Cristo por Cabeza, lo que está en los cielos y lo que está en la tierra» (*Ef* 1, 10). Dios será entonces «todo en todos» (1 Co 15, 28), en la vida eterna.

Amén

217. ¿Qué significa el *Amén*, con el que concluye nuestra profesión de fe?

La palabra hebrea *Amén*, con la que se termina también el último libro de la Sagrada Escritura, algunas oraciones del Nuevo Testamento y las oraciones litúrgicas de la Iglesia, significa nuestro «sí» confiado y total a cuanto confesamos creer, confiándonos totalmente en Aquel que es el «Amén» (*Ap* 3, 14) definitivo: Cristo el Señor. 1064-1065

En esta pintura, Jesús se acerca a los Apóstoles junto a la mesa y les da la comunión, uno a uno. Es un género pictórico que muestra la profunda piedad eucarística de la Iglesia, a través de los siglos.

«Sine dominico non possumus», decía el mártir Emérito a principios del siglo IV, durante una de las más crueles persecuciones anticristianas, la de Diocleciano, en 304. Acusado de haber participado de la Eucaristía con su comunidad, admite sin reticencia: «Sin la Eucaristía, no podemos vivir». Y una de las mártires añadía: «Sí, también yo he ido a la Asamblea y, junto a mis hermanos, he celebrado la Cena del Señor, puesto que soy cristiana» (*Actas de los mártires de Abitene*, Cap. 11 y 7, 16). Por su fidelidad eucarística, aquellos cuarenta y nueve mártires norte africanos fueron condenados a muerte. El Jesús eucarístico era la verdadera vida para Saturnino y para sus compañeros mártires de Abitine, en el África proconsular. Prefirieron morir antes que privarse del alimento eucarístico, el pan de la vida eterna.

Santo Tomás de Aquino acostumbraba, mediada la jornada, a bajar al templo, y con abandono y confianza, reclinar su frente sobre el Sagrario, en un coloquio tú a tú con Jesús en la Eucaristía. El gran teólogo medieval es también conocido por haber compuesto el oficio de la fiesta del *Corpus Christi*, en que manifiesta toda su profunda devoción eucarística.

En el himno de Laudes (*Verbum supernum prodiens*), se encuentra la síntesis de la espiritualidad eucarística católica:

> «Cuando estaba a punto de ser entregado a la muerte por el traidor a sus cómplices, Jesús se dio a sí mismo como alimento de vida a sus discípulos. Les entregó a ellos bajo las dos especies su Carne y Sangre; así, con la doble substancia alimentaba al hombre entero. Al nacer, se dio como compañero; sentándose a la mesa, como alimento; muriendo se dio como rescate y reinando, como recompensa».

Santo Tomás de Aquino, que llamaba a la Eucaristía «la cumbre y perfección de toda la vida espiritual», expresa la conciencia de fe de la Iglesia, que cree en la Eucaristía como presencia viva de Jesús entre nosotros y alimento necesario de la vida espiritual. La Eucaristía constituye el hilo de oro con el que, desde la última Cena, se anudan todos los siglos de la historia de la Iglesia hasta nosotros. Las palabras de la consagración: «Esto es mi cuerpo» y «Este es el cáliz de mi sangre», son pronunciadas siempre y en todas partes, también en los campos de concentración y de exterminio y en las millares de prisiones aún hoy existentes. En este horizonte eucarístico, la Iglesia fundamenta su vida, su comunión y su misión.

SEGUNDA PARTE

LA CELEBRACIÓN DEL MISTERIO CRISTIANO

PRIMERA SECCIÓN

LA ECONOMÍA SACRAMENTAL

El sacrificio de la Cruz es la fuente de la economía sacramental de la Iglesia. En el mosaico, María, símbolo de la Iglesia, con su mano izquierda recoge de la herida del costado de Jesús sangre y agua, que representan los sacramentos de la Iglesia:

> «Al llegar a Jesús, como le hallaron ya muerto, no le quebraron las piernas, sino que uno de los soldados le atravesó el costado con una lanza y al instante salió sangre y agua» (*Jn* 19, 34).

San Agustín comenta:

«Cristo nuestro Señor, que en su pasión ofreció por nosotros lo que había tomado de nosotros en su nacimiento, constituido príncipe de los sacerdotes para siempre, ordenó que se ofreciera el sacrificio que estáis viendo, el de su cuerpo y sangre. En efecto, de su cuerpo, herido por la lanza, brotó agua y sangre, con lo cual borró los pecados del mundo. Recordando esta gracia, al hacer realidad la liberación de vuestros pecados, puesto que es Dios quien la realiza en vosotros, acercaos con temor y temblor a participar de este altar. Reconoced en el pan lo que colgó del madero y en el cáliz lo que manó del costado. En su múltiple variedad, aquellos antiguos sacrificios del pueblo de Dios prefiguraban este único sacrificio futuro. Cristo mismo es, a la vez, cordero por la inocencia y sencillez de su alma, y cabrito por su carne, semejante a la carne de pecado. Todo lo anunciado de antemano en muchas y variadas formas en los sacrificios del Antiguo Testamento, se refiere a este único sacrificio que ha revelado el Nuevo Testamento.

Recibid, pues, y comed el cuerpo de Cristo, transformados ya vosotros mismos en miembros de Cristo, en el cuerpo de Cristo; recibid y bebed la sangre de Cristo. No os desvinculéis, comed el vínculo que os une; no os estiméis en poco, bebed vuestro precio. A la manera como se transforma en vosotros cualquier cosa que coméis o bebáis, transformaos también vosotros en el cuerpo de Cristo viviendo en actitud obediente y piadosa. Cuando se acercaba ya el momento de su Pasión y estaba celebrando la Pascua con sus discípulos, Él bendijo el pan que tenía en sus manos y dijo: *Esto es mi cuerpo, que será entregado por vosotros*. Igualmente, les dio el cáliz bendecido, diciendo: *Esta es mi sangre del Nuevo Testamento, que será derramada por muchos para el perdón de los pecados*. Estas cosas las leíais en el evangelio o las escuchabais, pero ignorabais que esta Eucaristía era el Hijo; ahora, en cambio, rociado vuestro corazón con la conciencia limpia y lavado vuestro cuerpo con el agua pura, acercaos a Él, y seréis iluminados y vuestros rostros no se avergonzarán» (*Sermón* 228B).

Capilla "Redemptoris Mater", *Mosaico de la pared de la Encarnación*, Ciudad del Vaticano.

218. ¿Qué es la liturgia?

La liturgia es la celebración del Misterio de Cristo y en particular de su Misterio Pascual. Mediante el ejercicio de la función sacerdotal de Jesucristo, se manifiesta y realiza en ella, a través de signos, la santificación de los hombres; y el Cuerpo Místico de Cristo, esto es la Cabeza y sus miembros, ejerce el culto público que se debe a Dios. 1066-1070

219. ¿Qué lugar ocupa la liturgia en la vida de la Iglesia?

La liturgia, acción sagrada por excelencia, es la cumbre hacia la que tiende la acción de la Iglesia y, al mismo tiempo, la fuente de la que emana su fuerza vital. A través de la liturgia, Cristo continúa en su Iglesia, con ella y por medio de ella, la obra de nuestra redención. 1071-1075

220. ¿En qué consiste la economía sacramental?

La economía sacramental consiste en la comunicación de los frutos de la redención de Cristo, mediante la celebración de los sacramentos de la Iglesia, de modo eminente la Eucaristía, «hasta que él vuelva» (*1 Cor* 11, 26). 1076

CAPÍTULO PRIMERO
El Misterio Pascual en el tiempo de la Iglesia

La Liturgia, obra de la Santísima Trinidad

221. ¿De qué modo el Padre es fuente y fin de la liturgia?

En la liturgia el Padre nos colma de sus bendiciones en el Hijo encar- 1077-1083
nado, muerto y resucitado por nosotros, y derrama en nuestros cora- 1110
zones el Espíritu Santo. Al mismo tiempo, la Iglesia bendice al Padre mediante la adoración, la alabanza y la acción de gracias, e implora el don de su Hijo y del Espíritu Santo.

222. ¿Cuál es la obra de Cristo en la Liturgia?

En la liturgia de la Iglesia, Cristo significa y realiza principalmente su misterio pascual. Al entregar el Espíritu Santo a los Apóstoles, les ha 1084-1090 concedido, a ellos y a sus sucesores, el poder de actualizar la obra de la salvación por medio del sacrificio eucarístico y de los sacramentos, en los cuales Él mismo actúa para comunicar su gracia a los fieles de todos los tiempos y en todo el mundo.

223. ¿Cómo actúa el Espíritu Santo en la liturgia respecto de la Iglesia?

1091-1109 En la liturgia se realiza la más estrecha cooperación entre el Espíritu
1112 Santo y la Iglesia. El Espíritu Santo prepara a la Iglesia para el encuentro con su Señor, recuerda y manifiesta a Cristo a la fe de la asamblea de creyentes, hace presente y actualiza el Misterio de Cristo, une la Iglesia a la vida y misión de Cristo y hace fructificar en ella el don de la comunión.

El Misterio Pascual en los sacramentos de la Iglesia

224. ¿Qué son los sacramentos y cuántos hay?

1113-1131 Los sacramentos son signos sensibles y eficaces de la gracia, instituidos por Cristo y confiados a la Iglesia, a través de los cuales se nos otorga la vida divina. Son siete: Bautismo, Confirmación, Eucaristía, Penitencia, Unción de los enfermos, Orden y Matrimonio.

225. ¿Qué relación existe entre los sacramentos y Cristo?

1114-1116 Los misterios de la vida de Cristo constituyen el fundamento de lo que ahora, por medio de los ministros de su Iglesia, el mismo Cristo dispensa en los sacramentos.

> *«Lo que era visible en nuestro Salvador ha pasado a sus sacramentos»* (San León Magno).

226. ¿Cuál es el vínculo de los sacramentos con la Iglesia?

1117-1119 Cristo ha confiado los sacramentos a su Iglesia. Son «de la Iglesia» en un doble sentido: «de ella», en cuanto son acciones de la Iglesia, la cual es sacramento de la acción de Cristo; y «para ella», en el sentido de que edifican la Iglesia.

227. ¿Qué es el «carácter» sacramental?

El carácter sacramental es un «sello» espiritual, conferido por los sac- 1121
ramentos del Bautismo, de la Confirmación y del Orden. Constituye promesa y garantía de la protección divina. En virtud de este sello, el cristiano queda configurado a Cristo, participa de diversos modos en su sacerdocio y forma parte de la Iglesia según estados y funciones diversos. Queda, por tanto, consagrado al culto divino y al servicio de la Iglesia. Puesto que el carácter es indeleble, los sacramentos que lo imprimen sólo pueden recibirse una vez en la vida.

228. ¿Qué relación tienen los sacramentos con la fe?

Los sacramentos no sólo suponen la fe, sino que con las palabras y los 1122-1126
elementos rituales la alimentan, fortalecen y expresan. Celebrando 1133
los sacramentos la Iglesia confiesa la fe apostólica. De ahí la antigua sentencia: «*lex orandi, lex credendi*», esto es, la Iglesia cree tal como reza.

229. ¿Por qué los sacramentos son eficaces?

Los sacramentos son eficaces *ex opere operato* («por el hecho mismo de que la acción sacramental se realiza»), porque es Cristo quien actúa en ellos y quien da la gracia que significan, independientemente de la santidad personal del ministro. Sin embargo, los frutos de los sacramentos dependen también de las disposiciones del que los recibe.

230. ¿Por qué los sacramentos son necesarios para la salvación?

Para los creyentes en Cristo, los sacramentos, aunque no todos se 1129
den a cada uno de los fieles, son necesarios para la salvación, porque otorgan la gracia sacramental, el perdón de los pecados, la adopción como hijos de Dios, la configuración con Cristo Señor y la pertenencia a la Iglesia. El Espíritu Santo cura y transforma a quienes los reciben.

231. ¿Qué es la gracia sacramental?

La gracia sacramental es la gracia del Espíritu Santo, dada por Cristo 1129,1131
y propia de cada sacramento. Esta gracia ayuda al fiel en su camino 1134,2003
de santidad, y también a la Iglesia en su crecimiento de caridad y testimonio.

232. ¿Qué relación existe entre los sacramentos y la vida eterna?

1130 En los sacramentos la Iglesia recibe ya un anticipo de la vida eterna, mientras vive «aguardando la feliz esperanza y la manifestación de la gloria del gran Dios y Salvador nuestro Jesucristo» (*Tt* 2, 13).

CAPÍTULO SEGUNDO
La celebración sacramental del Misterio Pascual

Celebrar la liturgia de la Iglesia

¿Quién celebra?

233. ¿Quién actúa en la liturgia?

1135-1137 En la liturgia actúa el «Cristo total» (*Christus totus*), Cabeza y Cuerpo.
1187 En cuanto sumo Sacerdote, Él celebra la liturgia con su Cuerpo, que es la Iglesia del cielo y de la tierra.

234. ¿Quién celebra la liturgia del cielo?

1138-1139 La liturgia del cielo la celebran los ángeles, los santos de la Antigua y de la Nueva Alianza, en particular la Madre de Dios, los Apóstoles, los mártires y «una muchedumbre inmensa, que nadie podría contar, de toda nación, razas, pueblos y lenguas» (*Ap* 7, 9). Cuando celebramos en los sacramentos el misterio de la salvación, participamos de esta liturgia eterna.

235. ¿De qué modo la Iglesia en la tierra celebra la liturgia?

1140-1144 La Iglesia en la tierra celebra la liturgia como pueblo sacerdotal, en
1188 el cual cada uno obra según su propia función, en la unidad del Espíritu Santo: los bautizados se ofrecen como sacrificio espiritual; los ministros ordenados celebran según el Orden recibido para el servicio de todos los miembros de la Iglesia; los obispos y presbíteros actúan en la persona de Cristo Cabeza.

¿Cómo celebrar?

236. ¿Cómo se celebra la liturgia?

La celebración litúrgica está tejida de signos y símbolos, cuyo significado, enraizado en la creación y en las culturas humanas, se precisa en los acontecimientos de la Antigua Alianza y se revela en plenitud en la Persona y la obra de Cristo. 1145

237. ¿De dónde proceden los signos sacramentales?

Algunos signos sacramentales provienen del mundo creado (luz, agua, 1146-1152
fuego, pan, vino, aceite); otros, de la vida social (lavar, ungir, partir el 1189
pan); otros de la historia de la salvación en la Antigua Alianza (los ritos pascuales, los sacrificios, la imposición de manos, las consagraciones). Estos signos, algunos de los cuales son normativos e inmutables, asumidos por Cristo, se convierten en portadores de la acción salvífica y de santificación.

238. ¿Qué relación existe entre las acciones y las palabras en la celebración sacramental?

En la celebración sacramental las acciones y las palabras están estre- 1153-1155
chamente unidas. En efecto, aunque las acciones simbólicas son ya 1190
por sí mismas un lenguaje, es preciso que las palabras del rito acompañen y vivifiquen estas acciones. Indisociables en cuanto signos y enseñanza, las palabras y las acciones litúrgicas lo son también en cuanto realizan lo que significan.

239. ¿Con qué criterios el canto y la música tienen una función propia dentro de la celebración litúrgica?

Puesto que la música y el canto están estrechamente vinculados a la 1156-1158
acción litúrgica, deben respetar los siguientes criterios: la conformi- 1191
dad de los textos a la doctrina católica, y con origen preferiblemente en la Sagrada Escritura y en las fuentes litúrgicas; la belleza expresiva de la oración; la calidad de la música; la participación de la asamblea; la riqueza cultural del Pueblo de Dios y el carácter sagrado y solemne de la celebración.

«El que canta, reza dos veces» (San Agustín).

240. ¿Cuál es la finalidad de las sagradas imágenes?

1159-1161 La imagen de Cristo es el icono litúrgico por excelencia. Las demás,
1192 que representan a la Madre de Dios y a los santos, significan a Cristo, que en ellos es glorificado. Las imágenes proclaman el mismo mensaje evangélico que la Sagrada Escritura transmite mediante la palabra, y ayudan a despertar y alimentar la fe de los creyentes.

¿Cuándo celebrar?

241. ¿Cuál es el centro del tiempo litúrgico?

1163-1167 El centro del tiempo litúrgico es el domingo, fundamento y núcleo
1193 de todo el año litúrgico, que tiene su culminación en la Pascua anual, fiesta de las fiestas.

242. ¿Cuál es la función del año litúrgico?

1168-1173 La función del año litúrgico es celebrar todo el Misterio de Cristo,
1194-1195 desde la Encarnación hasta su retorno glorioso. En días determinados, la Iglesia venera con especial amor a María, la bienaventurada Madre de Dios, y hace también memoria de los santos, que vivieron para Cristo, con Él padecieron y con Él han sido glorificados.

243. ¿Qué es la Liturgia de las Horas?

1174-1178 La Liturgia de las Horas, oración pública y común de la Iglesia, es
1196 la oración de Cristo con su Cuerpo, la Iglesia. Por su medio, el Misterio de Cristo, que celebramos en la Eucaristía, santifica y transfigura el tiempo de cada día. Se compone principalmente de salmos y de otros textos bíblicos, y también de lecturas de los santos Padres y maestros espirituales.

¿Dónde celebrar?

244. ¿Tiene la Iglesia necesidad de lugares para celebrar la liturgia?

El culto «en espíritu y en verdad» (*Jn* 4, 24) de la Nueva Alianza no 1179-1181
está ligado a un lugar exclusivo, porque Cristo es el verdadero templo 1197-1198
de Dios, por medio del cual también los cristianos y la Iglesia entera se convierten, por la acción del Espíritu Santo, en templos del Dios vivo. Sin embargo, el Pueblo de Dios, en su condición terrenal, tiene necesidad de lugares donde la comunidad pueda reunirse para celebrar la liturgia.

245. ¿Qué son los edificios sagrados?

Los edificios sagrados son las casas de Dios, símbolo de la Iglesia que 1181
vive en aquel lugar e imágenes de la morada celestial. Son lugares de 1198-1199
oración, en los que la Iglesia celebra sobre todo la Eucaristía y adora a Cristo realmente presente en el tabernáculo.

246. ¿Cuáles son los lugares principales dentro de los edificios sagrados?

Los lugares principales dentro de los edificios sagrados son éstos: el 1182-1186
altar, el sagrario o tabernáculo, el receptáculo donde se conservan el santo crisma y los otros santos óleos, la sede del obispo (cátedra) o del presbítero, el ambón, la pila bautismal y el confesionario.

Diversidad litúrgica y unidad del misterio

247. ¿Por qué el único Misterio de Cristo se celebra en la Iglesia según diversas tradiciones litúrgicas?

El Misterio de Cristo, aunque es único, se celebra según diversas 1200-1204
tradiciones litúrgicas porque su riqueza es tan insondable que nin- 1207-1209
guna tradición litúrgica puede agotarla. Desde los orígenes de la Iglesia, por tanto, esta riqueza ha encontrado en los distintos pueblos y culturas expresiones caracterizadas por una admirable variedad y complementariedad.

248. ¿Qué criterio asegura la unidad dentro de la multiformidad?

1209 El criterio para asegurar la unidad en la multiformidad es la fidelidad a la Tradición Apostólica, es decir, la comunión en la fe y en los sacramentos recibidos de los Apóstoles, significada y garantizada por la sucesión apostólica. La Iglesia es católica: puede, por tanto, integrar en su unidad todas las riquezas verdaderas de las distintas culturas.

249. ¿Es todo inmutable en la liturgia?

1205-1206 En la liturgia, sobre todo en la de los sacramentos, existen elementos inmutables por ser de institución divina, que la Iglesia custodia fielmente. Hay después otros elementos, susceptibles de cambio, que la Iglesia puede y a veces debe incluso adaptar a las culturas de los diversos pueblos.

SEGUNDA SECCIÓN

LOS SIETE SACRAMENTOS DE LA IGLESIA

Los siete sacramentos de la Iglesia

Bautismo
Confirmación
Eucaristía
Penitencia
Unción de los enfermos
Orden
Matrimonio

Los sacramentos de la Iglesia son el fruto del sacrificio redentor de Jesús en la Cruz. El tríptico representa una iglesia en la cual se están celebrando los siete sacramentos.

En el centro se levanta, con majestad, la cruz. Al pie del Crucificado están María, desfallecida y sostenida por Juan, y las piadosas mujeres. Al fondo, un sacerdote celebrante, eleva la Hostia después de la Consagración, como indicando que el sacrificio de la cruz se actualiza en la celebración de la eucaristía, bajo las especies del pan y del vino.

En el recuadro de la izquierda (pág. 79), que muestra una capilla lateral, se representan los sacramentos del Bautismo, la Confirmación, administrada por el Obispo, y la Penitencia. En el recuadro derecho (pág. 80) se representan los sacramentos del Orden, administrado también por le Obispo, el Matrimonio y la Unción de los enfermos.

ROGIER VAN DE WEYDEN, *Tríptico de los siete sacramentos*, Koninklijk Museum voor Schone Kunsten, Amberes (Bélgica). (Fotografía por Erich Lessing/ Art Resource, NY.)

250. ¿Cómo se distinguen los sacramentos de la Iglesia?

Los sacramentos de la Iglesia se distinguen en sacramentos de la ini- 1210-1211
ciación cristiana (Bautismo, Confirmación y Eucaristía); sacramentos de la curación (Penitencia y Unción de los enfermos); y sacramentos al servicio de la comunión y de la misión (Orden y Matrimonio). Todos corresponden a momentos importantes de la vida cristiana, y están ordenados a la Eucaristía «como a su fin específico» (Santo Tomás de Aquino).

CAPÍTULO PRIMERO
Los sacramentos de la iniciación cristiana

251. ¿Cómo se realiza la Iniciación cristiana?

La Iniciación cristiana se realiza mediante los sacramentos que 1212
ponen los *fundamentos* de la vida cristiana: los fieles, renacidos en el 1275
Bautismo, se fortalecen con la Confirmación, y son alimentados en la Eucaristía.

EL SACRAMENTO DEL BAUTISMO

252. ¿Con qué nombres se conoce el primer Sacramento de la iniciación?

El primer sacramento de la iniciación recibe, ante todo, el nombre de 1213-1216
Bautismo, en razón del rito central con el cual se celebra: bautizar sig- 1276-1277
nifica «sumergir» en el agua; quien recibe el bautismo es sumergido en la muerte de Cristo y resucita con él «como una nueva criatura» (*2 Cor* 5, 17). Se llama también «baño de regeneración y renovación en el Espíritu Santo» (*Tt* 3, 5), e «iluminación», porque el bautizado se convierte en «hijo de la luz» (*Ef* 5, 8).

253. ¿Cómo se prefigura el Bautismo en la Antigua Alianza?

En la Antigua Alianza se encuentran varias prefiguraciones del Bau- 1217-1222
tismo: *el agua*, fuente de vida y de muerte; *el arca de Noé*, que salva por medio del agua; *el paso del Mar Rojo*, que libera al pueblo de Israel de

la esclavitud de Egipto; *el paso del Jordán*, que hace entrar a Israel en la tierra prometida, imagen de la vida eterna.

254. ¿Quién hace que se cumplan estas prefiguraciones?

1223-1224 Estas prefiguraciones del bautismo las cumple Jesucristo, el cual, al comienzo de su vida pública, se hace bautizar por Juan Bautista en el Jordán; levantado en la cruz, de su costado abierto brotan sangre y agua, signos del Bautismo y de la Eucaristía, y después de su Resurrección confía a los Apóstoles esta misión: «Id y haced discípulos de todos los pueblos, bautizándolos en el nombre del Padre y del Hijo y del Espíritu Santo» (*Mt* 28, 19-20).

255. ¿Desde cuándo y a quién administra la Iglesia el Bautismo?

1226-1228 Desde el día de Pentecostés, la Iglesia administra el Bautismo al que cree en Jesucristo.

256. ¿En qué consiste el rito esencial del Bautismo?

1229-1245 El rito esencial del Bautismo consiste en sumergir en el agua al candi-
1278 dato o derramar agua sobre su cabeza, mientras se invoca el nombre del Padre y del Hijo y del Espíritu Santo.

257. ¿Quién puede recibir el Bautismo?

1246-1522 Puede recibir el Bautismo cualquier persona que no esté aún bautizada.

258. ¿Por qué la Iglesia bautiza a los niños?

1250 La Iglesia bautiza a los niños puesto que, naciendo con el pecado original, necesitan ser liberados del poder del maligno y trasladados al reino de la libertad de los hijos de Dios.

259. ¿Qué se requiere para ser bautizado?

1253-1255 A todo aquel que va a ser bautizado se le exige la profesión de fe, expresada personalmente, en el caso del adulto, o por medio de sus padres y de la Iglesia, en el caso del niño. El padrino o la madrina y toda la comunidad eclesial tienen también una parte de responsabilidad en la preparación al Bautismo (catecumenado), así como en el desarrollo de la fe y de la gracia bautismal.

260. ¿Quién puede bautizar?

Los ministros ordinarios del Bautismo son el obispo y el presbítero; 1256
en la Iglesia latina, también el diácono. En caso de necesidad, cual- 1284
quiera puede bautizar, siempre que tenga la intención de hacer lo que hace la Iglesia. Éste derrama agua sobre la cabeza del candidato y pronuncia la fórmula trinitaria bautismal: «Yo te bautizo en el nombre del Padre y del Hijo y del Espíritu Santo».

261. ¿Es necesario el Bautismo para la salvación?

El Bautismo es necesario para la salvación de todos aquellos a quienes 1257
el Evangelio ha sido anunciado y han tenido la posibilidad de pedir este sacramento.

262. ¿Hay salvación posible sin el Bautismo?

Puesto que Cristo ha muerto para la salvación de todos, pueden sal- 1258-1261
varse también sin el Bautismo todos aquellos que mueren a causa de 1281-1283
la fe (*Bautismo de sangre*), los catecúmenos, y todo aquellos que, bajo el impulso de la gracia, sin conocer a Cristo y a la Iglesia, buscan sinceramente a Dios y se esfuerzan por cumplir su voluntad (*Bautismo de deseo*). En cuanto a los niños que mueren sin el Bautismo, la Iglesia en su liturgia los confía a la misericordia de Dios.

263. ¿Cuáles son los efectos del Bautismo?

El Bautismo perdona el pecado original, todos los pecados personales 1262-1274
y todas las penas debidas al pecado; hace participar de la vida divina 1279-1280
trinitaria mediante la gracia santificante, la gracia de la justificación que incorpora a Cristo y a su Iglesia; hace participar del sacerdocio de Cristo y constituye el fundamento de la comunión con los demás cristianos; otorga las virtudes teologales y los dones del Espíritu Santo. El bautizado pertenece para siempre a Cristo: en efecto, queda marcado con el sello indeleble de Cristo (*carácter*).

264. ¿Cuál es el significado del nombre cristiano recibido en el Bautismo?

2156-2159 El nombre es importante porque Dios conoce a cada uno por su nom-
2167 bre, es decir, en su unicidad. Con el Bautismo, el cristiano recibe en la Iglesia el nombre propio, preferiblemente de un santo, de modo que éste ofrezca al bautizado un modelo de santidad y le asegure su intercesión ante Dios.

El Sacramento de la Confirmación

265. ¿Qué lugar ocupa la Confirmación en el designio divino de salvación?

1285-1288 En la Antigua Alianza, los profetas anunciaron que el Espíritu del
1315 Señor reposaría sobre el Mesías esperado y sobre todo el pueblo mesiánico. Toda la vida y la misión de Jesús se desarrollan en una total comunión con el Espíritu Santo. Los Apóstoles reciben el Espíritu Santo en Pentecostés y anuncian «las maravillas de Dios» (*Hch* 2,11). Comunican a los nuevos bautizados, mediante la imposición de las manos, el don del mismo Espíritu. A lo largo de los siglos, la Iglesia ha seguido viviendo del Espíritu y comunicándolo a sus hijos.

266. ¿Por qué se llama Confirmación o Crismación?

1289 Se llama *Confirmación*, porque confirma y refuerza la gracia bautismal. Se llama *Crismación*, puesto que un rito esencial de este sacramento es la unción con el Santo Crisma (en las Iglesias Orientales, unción con el Santo *Myron*).

267. ¿Cuál es el rito esencial de la Confirmación?

1290-1301 El rito esencial de la Confirmación es la unción con el Santo Crisma
1318 (aceite de oliva mezclado con perfumes, consagrado por el Obispo),
1320-1321 que se hace con la imposición de manos por parte del ministro, el cual pronuncia las palabras sacramentales propias del rito. En Occidente, esta unción se hace sobre la frente del bautizado con estas palabras: «Recibe por esta señal el don del Espíritu Santo». En las Iglesias Orientales de rito bizantino, la unción se hace también en otras partes del cuerpo, con la fórmula: «Sello del don del Espíritu Santo».

268. ¿Cuál es el efecto de la Confirmación?

El efecto de la Confirmación es la especial efusión del Espíritu 1302-1305
Santo, tal como sucedió en Pentecostés. Esta efusión imprime en el 1316-1317
alma un carácter indeleble y otorga un crecimiento de la gracia bautismal; arraiga más profundamente la filiación divina; une más fuertemente con Cristo y con su Iglesia; fortalece en el alma los dones del Espíritu Santo; concede una fuerza especial para dar testimonio de la fe cristiana.

269. ¿Quién puede recibir este sacramento?

El sacramento de la Confirmación puede y debe recibirlo, una sola 1306-1311
vez, aquel que ya ha sido bautizado. Para recibirlo con fruto hay que 1319
estar en gracia de Dios.

270. ¿Quién es el ministro de la Confirmación?

El ministro originario de la Confirmación es el obispo: se manifiesta 1312-1314
así el vínculo del confirmado con la Iglesia en su dimensión apostólica. Cuando el sacramento es administrado por un presbítero, como sucede ordinariamente en Oriente y en casos particulares en Occidente, es el mismo presbítero, colaborador del obispo, y el santo crisma, consagrado por éste, quienes expresan el vínculo del confirmado con el obispo y con la Iglesia.

El Sacramento de la Eucaristía

271. ¿Qué es la Eucaristía?

La Eucaristía es el sacrificio mismo del Cuerpo y de la Sangre del 1322-1323
Señor Jesús, que Él instituyó para perpetuar en los siglos, hasta su 1409
segunda venida, el sacrificio de la cruz, confiando así a la Iglesia el memorial de su Muerte y Resurrección. Es signo de unidad, vínculo de caridad y banquete pascual, en el que se recibe a Cristo, el alma se llena de gracia y se nos da una prenda de la vida eterna.

272. ¿Cuándo instituyó Jesucristo la Eucaristía?

1323 Jesucristo instituyó la Eucaristía el Jueves Santo, «la noche en que
1337-1340 fue entregado» (*1 Co* 11, 23), mientras celebraba con sus Apóstoles la Última Cena.

273. ¿Cómo instituyó la Eucaristía?

1337-1340 Después de reunirse con los Apóstoles en el Cenáculo, Jesús tomó en
1365,1406 sus manos el pan, lo partió y se lo dio, diciendo: «Tomad y comed todos de él, porque esto es mi cuerpo que será entregado por vosotros». Después tomó en sus manos el cáliz con el vino y les dijo: «Tomad y bebed todos de él, porque éste es el cáliz de mi Sangre, Sangre de la alianza nueva y eterna, que será derramada por vosotros y por todos los hombres, para el perdón de los pecados. Haced esto en conmemoración mía».

274. ¿Qué representa la Eucaristía en la vida de la Iglesia?

1324-1327 La Eucaristía es fuente y culmen de toda la vida cristiana. En ella
1407 alcanzan su cumbre la acción santificante de Dios sobre nosotros y nuestro culto a Él. La Eucaristía contiene todo el bien espiritual de la Iglesia: el mismo Cristo, nuestra Pascua. Expresa y produce la comunión en la vida divina y la unidad del pueblo de Dios. Mediante la celebración eucarística nos unimos a la liturgia del cielo y anticipamos la vida eterna.

275. ¿Qué nombres recibe este sacramento?

1328-1332 La inagotable riqueza de este sacramento se expresa con diversos nombres, que evocan sus aspectos particulares. Los más comunes son: Eucaristía, Santa Misa, Cena del Señor, Fracción del Pan, Celebración Eucarística, Memorial de la Pasión, Muerte y Resurrección del Señor, Santo Sacrificio, Santa y Divina Liturgia, Santos Misterios, Santísimo Sacramento del Altar, Sagrada Comunión.

276. ¿Qué lugar ocupa la Eucaristía en el designio divino de salvación?

1333-1334 En la Antigua Alianza, la Eucaristía fue anunciada sobre todo en la cena pascual, celebrada cada año por los judíos con panes ázimos, como recuerdo de la salida apresurada y liberadora de Egipto. Jesús la anunció en sus enseñanzas y la instituyó celebrando con los Apóstoles la Última Cena durante un banquete pascual. La Iglesia, fiel al mandato del Señor: «Haced esto en memoria mía» (*1 Co* 11, 24), ha celebrado siempre la Eucaristía, especialmente el domingo, día de la resurrección de Jesús.

277. ¿Cómo se desarrolla la celebración de la Eucaristía?

La celebración eucarística se desarrolla en dos grandes momentos, 1345-1355
que forman un solo acto de culto: la liturgia de la Palabra, que com- 1408
prende la proclamación y la escucha de la Palabra de Dios; y la liturgia eucarística, que comprende la presentación del pan y del vino, la anáfora o plegaria eucarística, con las palabras de la consagración, y la comunión.

278. ¿Quién es el ministro de la celebración de la Eucaristía?

El ministro de la celebración de la Eucaristía es el sacerdote (obispo o 1348
presbítero), válidamente ordenado, que actúa en la persona de Cristo 1411
Cabeza y en nombre de la Iglesia.

279. ¿Cuáles son los elementos esenciales y necesarios para celebrar la Eucaristía?

Los elementos esenciales y necesarios para celebrar la Eucaristía son 1412
el pan de trigo y el vino de vid.

280. ¿En qué sentido la Eucaristía es *memorial* del sacrificio de Cristo?

La Eucaristía es *memorial* del sacrificio de Cristo, en el sentido de que hace presente y actual el sacrificio que Cristo ha ofrecido al Padre, una vez por todas, sobre la cruz en favor de la humanidad. El carácter sacrificial de la Eucaristía se manifiesta en las mismas palabras de la institución: «Esto es mi Cuerpo, que se entrega por vosotros» y «Este cáliz es la nueva alianza en mi Sangre, que se derrama por vosotros» (*Lc* 22, 19-20). El sacrificio de la cruz y el sacrificio de la Eucaristía son un *único sacrificio*. Son idénticas la víctima y el oferente, y sólo es distinto el modo de ofrecerse: de manera cruenta en la cruz, incruenta en la Eucaristía.

281. ¿De qué modo la Iglesia participa del Sacrificio eucarístico?

1368-1372 En la Eucaristía, el sacrificio de Cristo se hace también sacrificio de
1414 los miembros de su Cuerpo. La vida de los fieles, su alabanza, su sufrimiento, su oración y su trabajo se unen a los de Cristo. En cuanto sacrificio, la Eucaristía se ofrece también por todos los fieles, vivos y difuntos, en reparación de los pecados de todos los hombres y para obtener de Dios beneficios espirituales y temporales. También la Iglesia del cielo está unida a la ofrenda de Cristo.

282. ¿Cómo está Jesucristo presente en la Eucaristía?

1373-1375 Jesucristo está presente en la Eucaristía de modo único e incompara-
1413 ble. Está presente, en efecto, de modo verdadero, real y sustancial: con su Cuerpo y con su Sangre, con su Alma y su Divinidad. Cristo, todo entero, Dios y hombre, está presente en ella de manera sacramental, es decir, bajo las especies eucarísticas del pan y del vino.

283. ¿Qué significa *transubstanciación*?

1376-1377 *Transubstanciación* significa la conversión de toda la sustancia del pan
1413 en la sustancia del Cuerpo de Cristo, y de toda la sustancia del vino en la sustancia de su Sangre. Esta conversión se opera en la plegaria eucarística con la consagración, mediante la eficacia de la palabra de Cristo y de la acción del Espíritu Santo. Sin embargo, permanecen inalteradas las características sensibles del pan y del vino, esto es las «especies eucarísticas».

284. La fracción del pan, ¿divide a Cristo?

1377 La fracción del pan no divide a Cristo: Él está presente todo e íntegro en cada especie eucarística y en cada una de sus partes.

285. ¿Cuánto dura la presencia eucarística de Cristo?

La presencia eucarística de Cristo continúa mientras subsistan las especies eucarísticas.

286. ¿Qué tipo de culto se debe rendir al sacramento de la Eucaristía?

Al sacramento de la Eucaristía se le debe rendir el culto de *latría*, 1378-1381
es decir la adoración reservada a Dios, tanto durante la celebración 1418
eucarística, como fuera de ella. La Iglesia, en efecto, conserva con la máxima diligencia las Hostias consagradas, las lleva a los enfermos y a otras personas imposibilitadas de participar en la Santa Misa, las presenta a la solemne adoración de los fieles, las lleva en procesión e invita a la frecuente visita y adoración del Santísimo Sacramento, reservado en el Sagrario.

287. ¿Por qué la Eucaristía es el banquete pascual?

La Eucaristía es el banquete pascual porque Cristo, realizando sacramentalmente su Pascua, nos entrega su Cuerpo y su Sangre, ofre- 1382-1384
cidos como comida y bebida, y nos une con Él y entre nosotros en 1391-1396
su sacrificio.

288. ¿Qué significa el altar?

El altar es el símbolo de Cristo mismo, presente como víctima sacrifi- 1383
cial (altar–sacrificio de la Cruz), y como alimento celestial que se nos 1410
da a nosotros (altar–mesa eucarística).

289. ¿Cuándo obliga la Iglesia a participar de la Santa Misa?

La Iglesia establece que los fieles tienen obligación de participar de la 1389
Santa Misa todos los domingos y fiestas de precepto, y recomienda 1417
que se participe también en los demás días.

290. ¿Cuándo se debe recibir la sagrada Comunión?

La Iglesia recomienda a los fieles que participan de la Santa Misa 1389
recibir también, con las debidas disposiciones, la sagrada Comunión, estableciendo la obligación de hacerlo al menos en Pascua.

291. ¿Qué se requiere para recibir la sagrada Comunión?

Para recibir la sagrada Comunión se debe estar plenamente incor- 1385-1389
porado a la Iglesia Católica y hallarse en gracia de Dios, es decir sin 1415
conciencia de pecado mortal. Quien es consciente de haber cometido

un pecado grave debe recibir el sacramento de la Reconciliación antes de acercarse a comulgar. Son también importantes el espíritu de recogimiento y de oración, la observancia del ayuno prescrito por la Iglesia y la actitud corporal (gestos, vestimenta), en señal de respeto a Cristo.

292. ¿Cuáles son los frutos de la sagrada Comunión?

1391-1397 La sagrada Comunión acrecienta nuestra unión con Cristo y con su
1416 Iglesia, conserva y renueva la vida de la gracia, recibida en el Bautismo y la Confirmación y nos hace crecer en el amor al prójimo. Fortaleciéndonos en la caridad, nos perdona los pecados veniales y nos preserva de los pecados mortales para el futuro.

293. ¿Cuándo se puede administrar la sagrada Comunión a los otros cristianos?

1398-1401 Los ministros católicos administran lícitamente la sagrada Comunión a los miembros de las Iglesias orientales que no están en plena comunión con la Iglesia católica, siempre que éstos lo soliciten espontáneamente y tengan las debidas disposiciones.

Asimismo, los ministros católicos administran lícitamente la sagrada Comunión a los miembros de otras comunidades eclesiales que, en presencia de una grave necesidad, la pidan espontáneamente, estén bien dispuestos y manifiesten la fe católica respecto al sacramento.

294. ¿Por qué se dice que la Eucaristía es «prenda de la gloria futura»?

1402-1405 La Eucaristía es prenda de la gloria futura porque nos colma de toda gracia y bendición del cielo, nos fortalece en la peregrinación de nuestra vida terrena y nos hace desear la vida eterna, uniéndonos a Cristo, sentado a la derecha del Padre, a la Iglesia del cielo, a la Santísima Virgen y a todos los santos.

«En la Eucaristía, nosotros partimos «un mismo pan que es remedio de inmortalidad, antídoto no para morir, sino para vivir en Jesucristo para siempre» (San Ignacio de Antioquia).

CAPÍTULO SEGUNDO
Los Sacramentos De Curación

295. ¿Por qué Cristo instituyó los sacramentos de la Penitencia y de la Unción de los enfermos?

Cristo, médico del alma y del cuerpo, instituyó los sacramentos de 1420-1421
la Penitencia y de la Unción de los enfermos, porque la vida nueva 1426
que nos fue dada por Él en los sacramentos de la iniciación cristiana puede debilitarse y perderse para siempre a causa del pecado. Por ello, Cristo ha querido que la Iglesia continuase su obra de curación y de salvación mediante estos dos sacramentos.

El Sacramento de la Penitencia y la Reconciliación

296. ¿Qué nombres recibe este sacramento?

Este sacramento es llamado sacramento de la Penitencia, de la Recon- 1422-1424
ciliación, del Perdón, de la Confesión, de la Conversión.

297. ¿Por qué hay un sacramento de la Reconciliación después del Bautismo?

Puesto que la vida nueva de la gracia, recibida en el Bautismo, no 1425-1426
suprimió la debilidad de la naturaleza humana ni la inclinación al 1484
pecado (esto es, la *concupiscencia*), Cristo instituyó este sacramento para la conversión de los bautizados que se han alejado de Él por el pecado.

298. ¿Cuándo fue instituido este sacramento?

El Señor resucitado instituyó este sacramento cuando la tarde de Pas- 1485
cua se mostró a sus Apóstoles y les dijo: «Recibid el Espíritu Santo. A quienes perdonéis los pecados, les quedan perdonados; a quienes se los retengáis, les quedan retenidos» (*Jn* 20, 22-23).

299. ¿Tienen necesidad los bautizados de conversión?

La llamada de Cristo a la conversión resuena continuamente en la 1427-1429
vida de los bautizados. Esta conversión es una tarea ininterrumpida

para toda la Iglesia, que, siendo santa, recibe en su propio seno a los pecadores.

300. ¿Qué es la penitencia interior?

1430-1433 La penitencia interior es el dinamismo del «corazón contrito» (*Sal* 51,
1490 19), movido por la gracia divina a responder al amor misericordioso de Dios. Implica el dolor y el rechazo de los pecados cometidos, el firme propósito de no pecar más, y la confianza en la ayuda de Dios. Se alimenta de la esperanza en la misericordia divina.

301. ¿De qué modos se expresa la penitencia en la vida cristiana?

1434-1439 La penitencia puede tener expresiones muy variadas, especialmente el ayuno, la oración y la limosna. Estas y otras muchas formas de penitencia pueden ser practicadas en la vida cotidiana del cristiano, en particular en tiempo de Cuaresma y el viernes, día penitencial.

302. ¿Cuáles son los elementos esenciales del sacramento de la Reconciliación?

1440-1449 Los elementos esenciales del sacramento de la Reconciliación son dos: los actos que lleva a cabo el hombre, que se convierte bajo la acción del Espíritu Santo, y la absolución del sacerdote, que concede el perdón en nombre de Cristo y establece el modo de la satisfacción.

303. ¿Cuáles son los actos propios del penitente?

1450-1460 Los actos propios del penitente son los siguientes: un diligente *examen*
1487-1492 *de conciencia; la contrición* (o arrepentimiento), que es perfecta cuando está motivada por el amor a Dios, imperfecta cuando se funda en otros motivos, e incluye el propósito de no volver a pecar; *la confesión*, que consiste en la acusación de los pecados hecha delante del sacerdote; *la satisfacción*, es decir, el cumplimiento de ciertos actos de penitencia, que el propio confesor impone al penitente para reparar el daño causado por el pecado.

304. ¿Qué pecados deben confesarse?

Se deben confesar todos los pecados graves aún no confesados que 1456
se recuerdan después de un diligente examen de conciencia. La confesión de los pecados graves es el único modo ordinario de obtener el perdón.

305. ¿Cuándo se está obligado a confesar los pecados graves?

Todo fiel, que haya llegado al uso de razón, está obligado a confesar 1457
sus pecados graves al menos una vez al año, y de todos modos antes de recibir la sagrada Comunión.

306. ¿Por qué también los pecados veniales pueden ser objeto de la confesión sacramental?

La Iglesia recomienda vivamente la confesión de los pecados veniales 1458
aunque no sea estrictamente necesaria, ya que ayuda a formar una recta conciencia y a luchar contra las malas inclinaciones, a dejarse curar por Cristo y a progresar en la vida del Espíritu.

307. ¿Quién es el ministro del sacramento de la Reconciliación?

Cristo confió el ministerio de la reconciliación a sus Apóstoles, a los 1461-1466
obispos, sucesores de los Apóstoles, y a los presbíteros, colaboradores 1495
de los obispos, los cuales se convierten, por tanto, en instrumentos de la misericordia y de la justicia de Dios. Ellos ejercen el poder de perdonar los pecados *en el nombre del Padre y del Hijo y del Espíritu Santo.*

308. ¿A quién está reservada la absolución de algunos pecados particularmente graves?

La absolución de algunos pecados particularmente graves (como son 1463
los castigados con la excomunión) está reservada a la Sede Apostólica o al Obispo del lugar o a los presbíteros autorizados por ellos, aunque todo sacerdote puede absolver de cualquier pecado y excomunión, al que se halla en peligro de muerte.

309. El confesor, ¿está obligado al secreto?

Dada la delicadeza y la grandeza de este ministerio y el respeto debido 1467
a las personas, todo confesor está obligado, sin ninguna excepción y

bajo penas muy severas, a mantener el sigilo sacramental, esto es, el absoluto secreto sobre los pecados conocidos en confesión.

310. ¿Cuáles son los efectos de este sacramento?

1468-1470 Los efectos del sacramento de la Penitencia son: la reconciliación con
1496 Dios y, por tanto, el perdón de los pecados; la reconciliación con la Iglesia; la recuperación del estado de gracia, si se había perdido; la remisión de la pena eterna merecida a causa de los pecados mortales y, al menos en parte, de las penas temporales que son consecuencia del pecado; la paz y la serenidad de conciencia y el consuelo del espíritu; el aumento de la fuerza espiritual para el combate cristiano.

311. ¿Se puede celebrar en algunos casos este sacramento con la confesión general y absolución colectiva?

1480-1484 En caso de grave necesidad (como un inminente peligro de muerte), se puede recurrir a la celebración comunitaria de la Reconciliación, con la confesión general y la absolución colectiva, respetando las normas de la Iglesia y haciendo propósito de confesar individualmente, a su debido tiempo, los pecados graves ya perdonados de esta forma.

312. ¿Qué son las indulgencias?

1471-1479 Las indulgencias son la remisión ante Dios de la pena temporal mere-
1498 cida por los pecados ya perdonados en cuanto a la culpa, que el fiel, cumpliendo determinadas condiciones, obtiene para sí mismo o para los difuntos, mediante el ministerio de la Iglesia, la cual, como dispensadora de la redención, distribuye el tesoro de los méritos de Cristo y de los santos.

El Sacramento de la Unción de los Enfermos

313. ¿Cómo es considerada la enfermedad en el Antiguo Testamento?

1499-1502 En el Antiguo Testamento, el hombre experimenta en la enfermedad su propia limitación y, al mismo tiempo, percibe que ésta se halla misteriosamente vinculada al pecado. Los profetas intuyeron que la enfermedad podía tener también un valor redentor de los pecados propios y ajenos. Así, la enfermedad se vivía ante Dios, de quien el hombre imploraba la curación.

314. ¿Qué significado tiene la compasión de Jesús hacia los enfermos?

La compasión de Jesús hacia los enfermos y las numerosas curaciones 1503-1505
realizadas por él son una clara señal de que con él había llegado el Reino de Dios y, por tanto, la victoria sobre el pecado, el sufrimiento y la muerte. Con su pasión y muerte, Jesús da un nuevo sentido al sufrimiento, el cual, unido al de Cristo, puede convertirse en medio de purificación y salvación, para nosotros y para los demás.

315. ¿Cómo se comporta la Iglesia con los enfermos?

La Iglesia, habiendo recibido del Señor el mandato de curar a los 1506-1513
enfermos, se empeña en el cuidado de los que sufren, acompañán- 1526-1527
dolos con oraciones de intercesión. Tiene sobre todo un sacramento específico para los enfermos, instituido por Cristo mismo y atestiguado por Santiago: «¿Está enfermo alguno de vosotros? Llame a los presbíteros de la Iglesia, que oren sobre él y le unjan con óleo en el nombre del Señor» (*St* 5, 14-15).

316. ¿Quién puede recibir el sacramento de la Unción de los enfermos?

El sacramento de la Unción de los enfermos lo puede recibir cualquier 1514-151
fiel que comienza a encontrarse en peligro de muerte por enferme- 1528-1529
dad o vejez. El mismo fiel lo puede recibir también otras veces, si se produce un agravamiento de la enfermedad o bien si se presenta otra enfermedad grave. La celebración de este sacramento debe ir precedida, si es posible, de la confesión individual del enfermo.

317. ¿Quién administra este sacramento?

El sacramento de la Unción de los enfermos sólo puede ser adminis- 1516
trado por los sacerdotes (obispos o presbíteros). 1530

318. ¿Cómo se celebra este sacramento?

1517-1519 La celebración del sacramento de la Unción de los enfermos con-
1531 siste esencialmente en la *unción* con óleo, bendecido si es posible por el obispo, sobre la frente y las manos del enfermo (en el rito romano, o también en otras partes del cuerpo en otros ritos), acompañada de la *oración* del sacerdote, que implora la gracia especial de este sacramento.

319. ¿Cuáles son los efectos de este sacramento?

1520-1523 El sacramento de la Unción confiere una gracia particular, que une
1532 más íntimamente al enfermo a la Pasión de Cristo, por su bien y por el de toda la Iglesia, otorgándole fortaleza, paz, ánimo y también el perdón de los pecados, si el enfermo no ha podido confesarse. Además, este sacramento concede a veces, si Dios lo quiere, la recuperación de la salud física. En todo caso, esta Unción prepara al enfermo para pasar a la Casa del Padre.

320. ¿Qué es el Viático?

1524-1525 El viático es la Eucaristía recibida por quienes están por dejar esta vida terrena y se preparan para el paso a la vida eterna. Recibida en el momento del tránsito de este mundo al Padre, la Comunión del Cuerpo y de la Sangre de Cristo muerto y resucitado, es semilla de vida eterna y poder de resurrección.

CAPÍTULO TERCERO

Los sacramentos al servicio de la comunión y de la misión

321. ¿Cuáles son los sacramentos al servicio de la comunión y de la misión?

1533-1535 Dos sacramentos, el Orden y el Matrimonio, confieren una gracia especial para una misión particular en la Iglesia, al servicio de la edificación del pueblo de Dios. Contribuyen especialmente a la comunión eclesial y a la salvación de los demás.

El sacramento del Orden

322. ¿Qué es el sacramento del Orden?

El sacramento del Orden es aquel mediante el cual, la misión confiada 1536
por Cristo a sus Apóstoles, sigue siendo ejercida en la Iglesia hasta el fin de los tiempos.

323. ¿Por qué se llama sacramento del Orden?

Orden indica un cuerpo eclesial, del que se entra a formar parte mediante una especial consagración (Ordenación), que, por un don singular del Espíritu Santo, permite ejercer una *potestad sagrada* al servicio del Pueblo de Dios en nombre y con la autoridad de Cristo. 1537-1538

324. ¿Cómo se sitúa el sacramento del Orden en el designio divino de la salvación?

En la Antigua Alianza el sacramento del Orden fue prefigurado por 1539-1546
el servicio de los levitas, el sacerdocio de Aarón y la institución de 1590-1591
los setenta «ancianos» (*Nm* 11, 25). Estas prefiguraciones se cumplen en Cristo Jesús, quien, mediante su sacrificio en la cruz, es «el único [...] mediador entre Dios y los hombres» (*1 Tm* 2, 5), el «Sumo Sacerdote según el orden de Melquisedec» (*Hb* 5,10). El único sacerdocio de Cristo se hace presente por el sacerdocio ministerial.

> «*Sólo Cristo es el verdadero sacerdote; los demás son ministros suyos*» (Santo Tomás de Aquino).

325. ¿De cuántos grados se compone el sacramento del Orden?

El sacramento del Orden se compone de tres grados, que son insus- 1554
tituibles para la estructura orgánica de la Iglesia: el episcopado, el 1593
presbiterado y el diaconado.

326. ¿Cuál es el efecto de la Ordenación episcopal?

La Ordenación episcopal da la plenitud del sacramento del Orden, 1557-1558
hace al Obispo legítimo sucesor de los Apóstoles, lo constituye miem- 1594
bro del Colegio episcopal, compartiendo con el Papa y los demás

obispos la solicitud por todas las Iglesias, y le confiere los oficios de enseñar, santificar y gobernar.

327. ¿Cuál es el oficio del obispo en la Iglesia particular que se le ha confiado?

1560-1561 El obispo, a quien se confía una Iglesia particular, es el principio visible y el fundamento de la unidad de esa Iglesia, en la cual desempeña, como vicario de Cristo, el oficio pastoral, ayudado por sus presbíteros y diáconos.

328. ¿Cuál es el efecto de la Ordenación presbiteral?

1562-1567 La unción del Espíritu marca al presbítero con un carácter espiritual
1595 indeleble, lo configura a Cristo sacerdote y lo hace capaz de actuar en nombre de Cristo Cabeza. Como cooperador del Orden episcopal, es consagrado para predicar el Evangelio, celebrar el culto divino, sobre todo la Eucaristía, de la que saca fuerza todo su ministerio, y ser pastor de los fieles.

329. ¿Cómo ejerce el presbítero su ministerio?

1568 Aunque haya sido ordenado para una misión universal, el presbítero la ejerce en una Iglesia particular, en fraternidad sacramental con los demás presbíteros que forman el «presbiterio» y que, en comunión con el obispo y en dependencia de él, tienen la responsabilidad de la Iglesia particular.

330. ¿Cuál es el efecto de la Ordenación diaconal?

1569-1574 El diácono, configurado con Cristo siervo de todos, es ordenado para
1596 el servicio de la Iglesia, y lo cumple bajo la autoridad de su obispo, en el ministerio de la Palabra, el culto divino, la guía pastoral y la caridad.

331. ¿Cómo se celebra el sacramento del Orden?

1572-1574 En cada uno de sus tres grados, el sacramento del Orden se confiere
1597 mediante la *imposición de las manos* sobre la cabeza del ordenando por parte del obispo, quien pronuncia la solemne *oración* consagratoria. Con ella, el obispo pide a Dios para el ordenando una especial

efusión del Espíritu Santo y de sus dones, en orden al ejercicio de su ministerio.

332. ¿Quién puede conferir este sacramento?

Corresponde a los obispos válidamente ordenados, en cuanto 1575-1576
sucesores de los Apóstoles, conferir los tres grados del sacramento 1600
del Orden.

333. ¿Quién puede recibir este sacramento?

Sólo el varón bautizado puede recibir válidamente el sacramento del 1577-1578
Orden. La Iglesia se reconoce vinculada por esta decisión del mismo 1598
Señor. Nadie puede exigir la recepción del sacramento del Orden, sino que debe ser considerado apto para el ministerio por la autoridad de la Iglesia.

334. ¿Se exige el celibato para recibir el sacramento del Orden?

Para el episcopado se exige siempre el celibato. Para el presbiterado, 1579-1580
en la Iglesia latina, son ordinariamente elegidos hombres creyentes 1599
que viven como célibes y tienen la voluntad de guardar el celibato «por el reino de los cielos» (*Mt* 19, 12); en las Iglesias orientales no está permitido contraer matrimonio después de haber recibido la ordenación. Al diaconado permanente pueden acceder también hombres casados.

335. ¿Qué efectos produce el sacramento del Orden?

El sacramento del Orden otorga una efusión especial del Espíritu 1581-1589
Santo, que configura con Cristo al ordenado en su triple función de 1592
Sacerdote, Profeta y Rey, según los respectivos grados del sacramento. La ordenación confiere un carácter espiritual indeleble: por eso no puede repetirse ni conferirse por un tiempo determinado.

336. ¿Con qué autoridad se ejerce el sacerdocio ministerial?

Los sacerdotes ordenados, en el ejercicio del ministerio sagrado, no 1547-1553
hablan ni actúan por su propia autoridad, ni tampoco por mandato o 1592
delegación de la comunidad, sino en la Persona de Cristo Cabeza y en nombre de la Iglesia. Por tanto, el sacerdocio ministerial se diferencia

esencialmente, y no sólo en grado, del sacerdocio común de los fieles, al servicio del cual lo instituyó Cristo.

El Sacramento del Matrimonio

337. ¿Cuál es el designio de Dios sobre el hombre y la mujer?

1601-1605 Dios, que es amor y creó al hombre por amor, lo ha llamado a amar. Creando al hombre y a la mujer, los ha llamado en el Matrimonio a una íntima comunión de vida y amor entre ellos, «de manera que ya no son dos, sino una sola carne» (*Mt* 19, 6). Al bendecirlos, Dios les dijo: «Creced y multiplicaos» (*Gn* 1, 28).

338. ¿Con qué fines ha instituido Dios el Matrimonio?

1659-1660 La alianza matrimonial del hombre y de la mujer, fundada y estructurada con leyes propias dadas por el Creador, está ordenada por su propia naturaleza a la comunión y al bien de los cónyuges, y a la procreación y educación de los hijos. Jesús enseña que, según el designio original divino, la unión matrimonial es indisoluble: «Lo que Dios ha unido, que no lo separe el hombre» (*Mc* 10, 9).

339. ¿De qué modo el pecado amenaza al Matrimonio?

1606-1608 A causa del primer pecado, que ha provocado también la ruptura de la comunión del hombre y de la mujer, donada por el Creador, la unión matrimonial está muy frecuentemente amenazada por la discordia y la infidelidad. Sin embargo, Dios, en su infinita misericordia, da al hombre y a la mujer su gracia para realizar la unión de sus vidas según el designio divino original.

340. ¿Qué enseña el Antiguo Testamento sobre el Matrimonio?

1609-1611 Dios ayuda a su pueblo a madurar progresivamente en la conciencia de la unidad e indisolubilidad del matrimonio, sobre todo mediante la pedagogía de la Ley y los profetas. La alianza nupcial entre Dios e Israel prepara y prefigura la Alianza nueva realizada por el Hijo de Dios, Jesucristo, con su esposa, la Iglesia.

341. ¿Qué novedad aporta Cristo al Matrimonio?

Jesucristo no sólo restablece el orden original del matrimonio querido 1612-1617
por Dios, sino que otorga la gracia para vivirlo en su nueva digni- 1661
dad de sacramento, que es el signo del amor esponsal hacia la Iglesia: «Maridos, amad a vuestras mujeres como Cristo ama a la Iglesia» (*Ef* 5, 25).

342. ¿Es el Matrimonio una obligación para todos?

El Matrimonio no es una obligación para todos. En particular, Dios 1618-1620
llama a algunos hombres y mujeres a seguir a Jesús por el camino de la virginidad o del celibato por el Reino de los cielos; éstos renuncian al gran bien del matrimonio para ocupase de las cosas del Señor tratando de agradarle, y se convierten en signo de la primacía absoluta del amor de Cristo y de la ardiente esperanza de su vuelta gloriosa.

343. ¿Cómo se celebra el sacramento del Matrimonio?

Dado que el Matrimonio constituye a los cónyuges en un estado 1621-1624
público de vida en la Iglesia, su celebración litúrgica es pública, en 1663
presencia del sacerdote (o de un testigo cualificado de la Iglesia) y de otros testigos.

344. ¿Qué es el consentimiento matrimonial?

El consentimiento matrimonial es la voluntad, expresada por un 1625-1632
hombre y una mujer, de entregarse mutua y definitivamente, con el 1662-1663
fin de vivir una alianza de amor fiel y fecundo. Puesto que el consentimiento hace el Matrimonio, resulta indispensable e insustituible. Para que el Matrimonio sea válido el consentimiento debe tener como objeto el verdadero Matrimonio, y ser un acto humano, consciente y libre, no determinado por la violencia o la coacción.

345. ¿Qué se exige cuando uno de los esposos no es católico?

Para ser lícitos, los matrimonios *mixtos* (entre católico y bautizado no 1633-1637
católico) necesitan la licencia de la autoridad eclesiástica. Los matrimonios con *disparidad de culto* (entre un católico y un no bautizado), para ser válidos necesitan una dispensa. En todo caso, es esencial que los cónyuges no excluyan la aceptación de los fines y las propiedades

esenciales del Matrimonio, y que el cónyuge católico confirme el compromiso, conocido también por el otro cónyuge, de conservar la fe y asegurar el Bautismo y la educación católica de los hijos.

346. ¿Cuáles son los efectos del sacramento del Matrimonio?

1638-1642 El sacramento del Matrimonio crea entre los cónyuges un vínculo perpetuo y exclusivo. Dios mismo ratifica el consentimiento de los esposos. Por tanto, el matrimonio rato y consumado entre bautizados no podrá ser nunca disuelto. Por otra parte, este sacramento confiere a los esposos la gracia necesaria para alcanzar la santidad en la vida conyugal y acoger y educar responsablemente a los hijos.

347. ¿Cuáles son los pecados gravemente contrarios al sacramento del Matrimonio?

1645-1648 Los pecados gravemente contrarios al sacramento del Matrimonio son los siguientes: el adulterio, la poligamia, en cuanto contradice la idéntica dignidad entre el hombre y la mujer y la unidad y exclusividad del amor conyugal; el rechazo de la fecundidad, que priva a la vida conyugal del don de los hijos; y el divorcio, que contradice la indisolubilidad.

348. ¿Cuándo admite la Iglesia la separación física de los esposos?

1629 La Iglesia admite la separación física de los esposos cuando la coha-
1649 bitación entre ellos se ha hecho, por diversas razones, prácticamente imposible, aunque procura su reconciliación. Pero éstos, mientras viva el otro cónyuge, no son libres para contraer una nueva unión, a menos que el matrimonio entre ellos sea nulo y, como tal, declarado por la autoridad eclesiástica.

349. ¿Cuál es la actitud de la Iglesia hacia los divorciados vueltos a casar?

1650-1651 Fiel al Señor, la Iglesia no puede reconocer como matrimonio la unión de divorciados vueltos a casar civilmente. «Quien repudie a su mujer y se case con otra, comete adulterio contra aquella; y si ella repudia a su marido y se casa con otro, comete adulterio» (*Mc* 10, 11-12). Hacia ellos la Iglesia muestra una atenta solicitud, invitándoles a una vida de fe, a la oración, a las obras de caridad y a la educación cristiana de los hijos; pero no pueden recibir la absolución sacramental, acercarse a la comunión eucarística ni ejercer ciertas responsabilidades eclesiales, mientras dure tal situación, que contrasta objetivamente con la ley de Dios.

350. ¿Por qué la familia cristiana es llamada *Iglesia doméstica*?

La familia cristiana es llamada *Iglesia doméstica*, porque manifiesta y 1655-1658
realiza la naturaleza comunitaria y familiar de la Iglesia en cuanto 1666
familia de Dios. Cada miembro, según su propio papel, ejerce el sacerdocio bautismal, contribuyendo a hacer de la familia una comunidad de gracia y de oración, escuela de virtudes humanas y cristianas y lugar del primer anuncio de la fe a los hijos.

CAPÍTULO CUARTO
Otras celebraciones litúrgicas

Los sacramentales

351. ¿Qué son los sacramentales?

Los sacramentales son signos sagrados instituidos por la Iglesia, por 1667-1672
medio de los cuales se santifican algunas circunstancias de la vida. 1677-1678
Comprenden siempre una oración acompañada de la señal de la cruz o de otros signos. Entre los sacramentales, ocupan un lugar importante las bendiciones, que son una alabanza a Dios y una oración para obtener sus dones, la consagración de personas y la dedicación de cosas al culto de Dios.

352. ¿Qué es un exorcismo?

Se tiene un exorcismo, cuando la Iglesia pide con su autoridad, en 1673
nombre de Jesús, que una persona o un objeto sea protegido contra el influjo del Maligno y sustraído a su dominio. Se practica de modo ordinario en el rito del Bautismo. El exorcismo solemne, llamado *gran exorcismo*, puede ser efectuado solamente por un presbítero autorizado por el obispo.

353. ¿Qué formas de piedad popular acompañan la vida sacramental de la Iglesia?

1674-1676 El sentido religioso del pueblo cristiano ha encontrado en todo tiempo
1679 su expresión en formas variadas de piedad, que acompañan la vida sacramental de la Iglesia, como son la veneración de las reliquias, las visitas a santuarios, las peregrinaciones, las procesiones, el «*Vía crucis*», el Rosario. La Iglesia, a la luz de la fe, ilumina y favorece las formas auténticas de piedad popular.

Las exequias cristianas

354. ¿Qué relación existe entre los sacramentos y la muerte del cristiano?

1680-1683 El cristiano que muere en Cristo alcanza, al final de su existencia terrena, el cumplimiento de la nueva vida iniciada con el Bautismo, reforzada con la Confirmación y alimentada en la Eucaristía, anticipo del banquete celestial. El sentido de la muerte del cristiano se manifiesta a la luz de la Muerte y Resurrección de Cristo, nuestra única esperanza; el cristiano que muere en Cristo Jesús va «a vivir con el Señor» (*2 Co* 5, 8).

355. ¿Qué expresan las exequias?

1684-1685 Las exequias, aunque se celebren según diferentes ritos, respondiendo a las situaciones y a las tradiciones de cada región, expresan el carácter pascual de la muerte cristiana, en la esperanza de la resurrección, y el sentido de la comunión con el difunto, particularmente mediante la oración por la purificación de su alma.

356. ¿Cuáles son los momentos principales de las exequias?

1686-1690 De ordinario, las exequias comprenden cuatro momentos principales: la acogida de los restos mortales del difunto por parte de la comunidad, con palabras de consuelo y esperanza para sus familiares; la liturgia de la Palabra; el sacrificio eucarístico; y «el adiós», con el que se encomienda el alma del difunto a Dios, fuente de vida eterna, mientras su cuerpo es sepultado en la esperanza de la resurrección.

La ilustración representa la última Cena, en una sala grande en el piso superior, con la institución de la Eucaristía (cf *Mc* 14, 15):

«Mientras estaban comiendo, tomó Jesús pan y, pronunciando la bendición, lo partió y, dándoselo a sus discípulos, dijo: "Tomad, comed, este es mi cuerpo". Tomó luego el cáliz y, dando gracias, se lo dio diciendo: "Bebed de él todos, porque esta es mi sangre de la Alianza, que va a ser derramada por muchos para remisión de los pecados"» (*Mt* 26, 26-28).

En la imagen, Jesús aparece con los Apóstoles en torno a una mesa con forma de cáliz. Sobre la mesa están las especies eucarísticas: el pan y el vino. La sala, que se abre sobre un fondo arquitectónico muy elaborado, con edificios y un tabernáculo circular con siete columnas, simboliza la Iglesia, morada del Cristo eucarístico. Un detalle significativo lo da el Apóstol Juan, que apoya su cabeza sobre el pecho de Jesús (cf *Jn* 13, 25). Indica la comunión de caridad que la Eucaristía produce en el fiel; es la respuesta del discípulo a la invitación del Maestro:

«Yo soy la vid, vosotros los sarmientos, el que permanece en mí como yo en él, ése da mucho fruto . . . permaneced en mi amor. Si guardáis mis mandamientos, permaneceréis en mi amor» (*Jn* 15, 5. 9-10).

La Eucaristía es comunión con Jesús y alimento espiritual, para poder sostener el buen combate cotidiano del fiel en el cumplimiento de los mandamientos:

«El Salvador está siempre y enteramente presente en aquellos que viven en Él: provee a todas sus necesidades, es todo para ellos y no permite que desvíen su mirada hacia ninguna otra cosa, ni que busquen nada fuera de Él. En efecto, no hay nada que necesiten los santos que no sea Él mismo: Él los engendra, hace crecer y alimenta, es luz y aliento, modela en ellos su modo de mitrar y, finalmente, se ofrece a sí mismo para que lo vean cara a cara. Al mismo tiempo alimenta y es alimento; Él es quien ofrece el pan de vida, y lo que ofrece es a sí mismo; es la vida de los que viven, el aroma de los que respiran y la vestidura para quien quiera vestirla. Él es quien nos da el poder caminar, es la vida y también el lugar del reposo, la meta. Somos los miembros y Él es la cabeza: ¿Hay que combatir? combate con nosotros y es Él quien asigna la victoria al merecedor.

«¿Vencemos? Él es la corona. De este modo atrae hacia sí nuestra mente, y no deja que se fije en nada, ni en cosa alguna ponga su amor... De todo cuanto hemos dicho, queda claro que la vida en Cristo no se refiere sólo al futuro, sino que es una realidad presente para los santos que la viven y la procuran» (N. Cabásilas, *La vida en Cristo*, 1, 13-15).

Jacob Copista, *Ilustración del Tetraevangelio,* Biblioteca de los Padres Armenios Mequitaristas, Viena. (Usado con permiso.)

TERCERA PARTE
LA VIDA EN CRISTO

PRIMERA SECCIÓN

LA VOCATION DEL HOMBRE: LA VIDA EN EL ESPÍRITU

María, la Panaghia (*la toda santa*), es la obra maestra del Espíritu Santo, Panaghion. Su existencia, desde su concepción inmaculada hasta su gloriosa asunción a los cielos, está enteramente alentada por la caridad divina. El Espíritu de amor del Padre y del Hijo hace de María una criatura nueva, la nueva Eva, cuyo corazón y entendimiento están volcados a la adoración y a la obediencia del Padre celestial, del que ella es hija predilecta; a la acogida y servicio del Hijo, del que ella es madre, discípula y socia; a la correspondencia y colaboración con el Espíritu Santo, del que es precioso tabernáculo.

En esta imagen, María aparece rodeada de ángeles músicos en fiesta, con su cabeza dominada por el resplandor de la caridad divina del Espíritu Santo, simbolizado por la paloma. María es la madre y la protectora de la Iglesia (a los pies de la Virgen se percibe un edificio sagrado). Mediante su eficaz intercesión materna ante Jesús, María atrae sobre la Iglesia la abundancia de las gracias celestiales, significada por el rosal en flor.

Abajo, a la izquierda, el apóstol Juan, que contempla a la Inmaculada, simboliza a los fieles, que ven en la Santísima Virgen el modelo perfecto y, al mismo tiempo, la maestra y guía en la vida del Espíritu.

Cristiano, abad cisterciense en el siglo XII, reflexiona sobre cómo los apóstoles habrían compartido con María sus experiencias espirituales. Parangonándolas con las doce estrellas que coronan a la bienaventurada Virgen María, escribía:

«A menudo, se reunían alrededor de la Virgen prudentísima, como discípulos en torno a su maestra, para aprender más plenamente la verdad sobre las proezas que en ella se cumplieron; verdad que los apóstoles predicaron a los demás, llegado el momento justo. Habiendo sido María divinamente consagrada e instruida, se presentaba como una auténtica biblioteca de celestial sabiduría, porque, en su cotidiana convivencia, había estado tan cerca, cual singular compañera, de la sabiduría misma, es decir, de su Hijo, guardando fielmente en su memoria las cosas vistas y oídas» (*Sermón I sobre la Asunción de la Virgen María*).

El Greco, San *Juan contempla la Inmaculada Concepción*, Parroquia de Santa Leocadia y San Román; Depósito Museo de la Santa Cruz, Toledo. (Usado con permiso del Parroco de Santa Leocadia y San Román.)

357. ¿De qué modo la vida moral cristiana está vinculada a la fe y a los sacramentos?

Lo que se profesa en el Símbolo de la fe, los sacramentos lo comu- 1691-1698
nican. En efecto, con ellos los fieles reciben la gracia de Cristo y los dones del Espíritu Santo, que les hacen capaces de vivir la vida nueva de hijos de Dios en Cristo, acogido con fe.

«Cristiano, reconoce tu dignidad» (San León Magno).

CAPÍTULO PRIMERO
La dignidad de la persona humana

El hombre, imagen de Dios

358. ¿Cuál es la raíz de la dignidad de la persona humana?

La dignidad de la persona humana está arraigada en su creación a 1699-1715
imagen y semejanza de Dios. Dotada de alma espiritual e inmortal, de inteligencia y de voluntad libre, la persona humana está ordenada a Dios y llamada, con alma y cuerpo, a la bienaventuranza eterna.

Nuestra vocación a la bienaventuranza

359. ¿Cómo alcanza el hombre la bienaventuranza?

El hombre alcanza la bienaventuranza en virtud de la gracia de Cristo, 1716
que lo hace partícipe de la vida divina. En el Evangelio Cristo señala a los suyos el camino que lleva a la felicidad sin fin: las Bienaventuranzas. La gracia de Cristo obra en todo hombre que, siguiendo la recta conciencia, busca y ama la verdad y el bien, y evita el mal.

360. ¿Qué importancia tienen para nosotros las Bienaventuranzas?

Las Bienaventuranzas son el centro de la predicación de Jesús; reco- 1716-1717
gen y perfeccionan las promesas de Dios, hechas a partir de Abra- 1725-1726
ham. Dibujan el rostro mismo de Jesús, y trazan la auténtica vida

cristiana, desvelando al hombre el fin último de sus actos: la bienaventuranza eterna.

361. ¿Qué relación tienen las Bienaventuranzas con el deseo de felicidad del hombre?

1718-1719 Las Bienaventuranzas responden al innato deseo de felicidad que Dios ha puesto en el corazón del hombre, a fin de atraerlo hacia Él, el único que lo puede satisfacer.

362. ¿Qué es la bienaventuranza eterna?

1720-1724 La bienaventuranza consiste en la visión de Dios en la vida eterna,
1727-1729 cuando seremos en plenitud «partícipes de la naturaleza divina» (*2 P* 1, 4), de la gloria de Cristo y del gozo de la vida trinitaria. La bienaventuranza sobrepasa la capacidad humana; es un don sobrenatural y gratuito de Dios, como la gracia que nos conduce a ella. La promesa de la bienaventuranza nos sitúa frente a opciones morales decisivas respecto de los bienes terrenales, estimulándonos a amar a Dios sobre todas las cosas.

La libertad del hombre

363. ¿Qué es la libertad?

1730-1733 La libertad es el poder dado por Dios al hombre de obrar o no obrar,
1743-1744 de hacer esto o aquello, de ejecutar de este modo por sí mismo acciones deliberadas. La libertad es la característica de los actos propiamente humanos. Cuanto más se hace el bien, más libre se va haciendo también el hombre. La libertad alcanza su perfección cuando está ordenada a Dios, Bien supremo y Bienaventuranza nuestra. La libertad implica también la posibilidad de elegir entre el bien y el mal. La elección del mal es un abuso de la libertad, que conduce a la esclavitud del pecado.

364. ¿Qué relación hay entre libertad y responsabilidad?

1734-1737 La libertad hace al hombre responsable de sus actos, en la medida
1745-1746 en que éstos son voluntarios; aunque tanto la imputabilidad como la responsabilidad de una acción pueden quedar disminuidas o incluso

anuladas a causa de la ignorancia, la inadvertencia, la violencia soportada, el miedo, los afectos desordenados y los hábitos.

365. ¿Por qué todo hombre tiene derecho al ejercicio de su libertad?

El derecho al ejercicio de la libertad es propio de todo hombre, en 1738
cuanto resulta inseparable de su dignidad de persona humana. Este 1747
derecho ha de ser siempre respetado, especialmente en el campo moral y religioso, y debe ser civilmente reconocido y tutelado, dentro de los límites del bien común y del justo orden público.

366. ¿Dónde se sitúa la libertad humana en el orden de la salvación?

Nuestra libertad se halla debilitada a causa del pecado original. El 1739-1742
debilitamiento se agrava aún más por los pecados sucesivos. Pero 1748
Cristo «nos liberó para ser libres» (*Gal* 5, 1). El Espíritu Santo nos conduce con su gracia a la libertad espiritual, para hacernos libres colaboradores suyos en la Iglesia y en el mundo.

367. ¿Cuál es la fuente de moralidad de los actos humanos?

La moralidad de los actos humanos depende de tres fuentes: *del objeto* 1749-1754
elegido, es decir, un bien real o aparente; *de la intención* del sujeto que 1757-1758
actúa, es decir, del fin por el que lleva a cabo su acción; y *de las circunstancias* de la acción, incluidas *las consecuencias* de la misma.

368. ¿Cuándo un acto es moralmente bueno?

El acto es moralmente bueno cuando supone, al mismo tiempo, la 1755-1756
bondad del objeto, del fin y de las circunstancias. El objeto elegido 1759-1760
puede por sí solo viciar una acción, aunque la intención sea buena. No es lícito hacer el mal para conseguir un bien. Un fin malo puede corromper la acción, aunque su objeto sea en sí mismo bueno; asimismo, un fin bueno no hace buena una acción que de suyo sea en sí misma mala, porque el fin no justifica los medios. Las circunstancias pueden atenuar o incrementar la responsabilidad de quien actúa, pero no pueden modificar la calidad moral de los actos mismos, porque no convierten nunca en buena una acción mala en sí misma.

369. ¿Hay actos que son siempre ilícitos?

1756,1761 Hay actos cuya elección es siempre ilícita en razón de su objeto (por ejemplo, la blasfemia, el homicidio, el adulterio). Su elección supone un desorden de la voluntad, es decir, un mal moral, que no puede ser justificado en virtud de los bienes que eventualmente pudieran derivarse de ellos.

La moralidad de las pasiones

370. ¿Qué son las pasiones?

1762-1766 Las pasiones son los afectos, emociones o impulsos de la sensibili-
1771-1772 dad –componentes naturales de la psicología humana–, que inclinan a obrar o a no obrar, en vista de lo que se percibe como bueno o como malo. Las principales son el amor y el odio, el deseo y el temor, la alegría, la tristeza y la cólera. La pasión fundamental es el amor, provocado por el atractivo del bien. No se ama sino el bien, real o aparente.

371. ¿Las pasiones son moralmente buenas o malas?

1767-1770 Las pasiones, en cuanto impulsos de la sensibilidad, no son en sí mis-
1773-1775 mas ni buenas ni malas; son buenas, cuando contribuyen a una acción buena; son malas, en caso contrario. Pueden ser asumidas en las virtudes o pervertidas en los vicios.

La conciencia moral

372. ¿Qué es la conciencia moral?

1776-1780 La conciencia moral, presente en lo íntimo de la persona, es un juicio
1795-1797 de la razón, que en el momento oportuno, impulsa al hombre a hacer el bien y a evitar el mal. Gracias a ella, la persona humana percibe la cualidad moral de un acto a realizar o ya realizado, permitiéndole asumir la responsabilidad del mismo. Cuando escucha la conciencia moral, el hombre prudente puede sentir la voz de Dios que le habla.

373. ¿Qué supone la dignidad de la persona en relación con la conciencia moral?

La dignidad de la persona humana supone la rectitud de la concien- 1780-1782
cia moral, es decir que ésta se halle de acuerdo con lo que es justo y 1798
bueno según la razón y la ley de Dios. A causa de la misma dignidad personal, el hombre no debe ser forzado a obrar contra su conciencia, ni se le debe impedir obrar de acuerdo con ella, sobre todo en el campo religioso, dentro de los límites del bien común.

374. ¿Cómo se forma la conciencia moral para que sea recta y veraz?

La conciencia recta y veraz se forma con la educación, con la asimi- 1783-1788
lación de la Palabra de Dios y las enseñanzas de la Iglesia. Se ve asis- 1799-1800
tida por los dones del Espíritu Santo y ayudada con los consejos de personas prudentes. Además, favorecen mucho la formación moral tanto la oración como el examen de conciencia.

375. ¿Qué normas debe seguir siempre la conciencia?

Tres son las normas más generales que debe seguir siempre la con- 1789
ciencia: 1) Nunca está permitido hacer el mal para obtener un bien; 2) La llamada *Regla de oro*: «Todo cuanto queráis que os hagan los hombres, hacédselo también vosotros a ellos» (*Mt* 7, 12); 3) La caridad supone siempre el respeto del prójimo y de su conciencia, aunque esto no significa aceptar como bueno lo que objetivamente es malo.

376. ¿Puede la conciencia moral emitir juicios erróneos?

La persona debe obedecer siempre al juicio cierto de la propia con- 1790-1794
ciencia, la cual, sin embargo, puede también emitir juicios erróneos, 1801-1802
por causas no siempre exentas de culpabilidad personal. Con todo, no es imputable a la persona el mal cometido por ignorancia involuntaria, aunque siga siendo objetivamente un mal. Es necesario, por tanto, esforzarse para corregir la conciencia moral de sus errores.

Las virtudes

377. ¿Qué es la virtud?

1803,1833 La virtud es una disposición habitual y firme para hacer el bien: «El fin de una vida virtuosa consiste en llegar a ser semejante a Dios» (San Gregorio de Nisa). Hay virtudes humanas y virtudes teologales.

378. ¿Qué son las virtudes humanas?

1804 Las virtudes humanas son perfecciones habituales y estables del
1810-1811 entendimiento y de la voluntad, que regulan nuestros actos, orde-
1834,1839 nan nuestras pasiones y guían nuestra conducta en conformidad con la razón y la fe. Adquiridas y fortalecidas por medio de actos moralmente buenos y reiterados, son purificadas y elevadas por la gracia divina.

379. ¿Cuáles son las principales virtudes humanas?

1805 Las principales virtudes humanas son las denominadas *cardinales*,
1834 que agrupan a todas las demás y constituyen las bases de la vida virtuosa. Son la prudencia, la justicia, la fortaleza y la templanza.

380. ¿Qué es la prudencia?

1806 La prudencia dispone la razón a discernir, en cada circunstancia,
1835 nuestro verdadero bien y a elegir los medios adecuados para realizarlo. Es guía de las demás virtudes, indicándoles su regla y medida.

381. ¿Qué es la justicia?

1807 La justicia consiste en la constante y firme voluntad de dar a los
1836 demás lo que les es debido. La justicia para con Dios se llama «virtud de la religión».

382. ¿Qué es la fortaleza?

1808 La fortaleza asegura la firmeza en las dificultades y la constancia en
1838 la búsqueda del bien, llegando incluso a la capacidad de aceptar el eventual sacrificio de la propia vida por una causa justa.

383. ¿Qué es la templanza?

La templanza modera la atracción de los placeres, asegura el dominio 1809
de la voluntad sobre los instintos y procura el equilibrio en el uso de 1838
los bienes creados.

384. ¿Qué son las virtudes teologales?

Las virtudes teologales son las que tienen como origen, motivo y 1812-1813
objeto inmediato a Dios mismo. Infusas en el hombre con la gracia 1840-1841
santificante, nos hacen capaces de vivir en relación con la Santísima Trinidad, y fundamentan y animan la acción moral del cristiano, vivificando las virtudes humanas. Son la garantía de la presencia y de la acción del Espíritu Santo en las facultades del ser humano.

385. ¿Cuáles son las virtudes teologales?

Las virtudes teologales son la fe, la esperanza y la caridad. 1813

386. ¿Qué es la fe?

La fe es la virtud teologal por la que creemos en Dios y en todo lo que 1814-1816
Él nos ha revelado, y que la Iglesia nos propone creer, dado que Dios 1842
es la Verdad misma. Por la fe, el hombre se abandona libremente a Dios; por ello, el que cree trata de conocer y hacer la voluntad de Dios, ya que «la fe actúa por la caridad» (*Gal* 5, 6).

387. ¿Qué es la esperanza?

La esperanza es la virtud teologal por la que deseamos y esperamos 1817-1821
de Dios la vida eterna como nuestra felicidad, confiando en las prome- 1843
sas de Cristo, y apoyándonos en la ayuda de la gracia del Espíritu Santo para merecerla y perseverar hasta el fin de nuestra vida terrena.

388. ¿Qué es la caridad?

La caridad es la virtud teologal por la cual amamos a Dios sobre todas 1822-1829
las cosas y a nuestro prójimo como a nosotros mismos por amor a 1844
Dios. Jesús hace de ella el mandamiento nuevo, la plenitud de la Ley. Ella es «el vínculo de la perfección» (*Col* 3, 14) y el fundamento de las demás virtudes, a las que anima, inspira y ordena: sin ella «no soy nada» y «nada me aprovecha» (*1 Co* 13, 2-3).

389. ¿Qué son los dones del Espíritu Santo?

1830-1831 Los *dones* del Espíritu Santo son disposiciones permanentes que
1845 hacen al hombre dócil para seguir las inspiraciones divinas. Son siete: sabiduría, entendimiento, consejo, fortaleza, ciencia, piedad y temor de Dios.

390. ¿Qué son los frutos del Espíritu Santo?

1832 Los *frutos* del Espíritu Santo son perfecciones plasmadas en nosotros como primicias de la gloria eterna. La tradición de la Iglesia enumera doce: «caridad, gozo, paz, paciencia, longanimidad, bondad, benignidad, mansedumbre, fidelidad, modestia, continencia y castidad» (*Gal* 5, 22-23 [Vulgata]).

El Pecado

391. ¿Qué supone para nosotros acoger la misericordia de Dios?

1846-1848 Acoger la misericordia de Dios supone que reconozcamos nuestras
1870 culpas, arrepintiéndonos de nuestros pecados. Dios mismo, con su Palabra y su Espíritu, descubre nuestros pecados, sitúa nuestra conciencia en la verdad sobre sí misma y nos concede la esperanza del perdón.

392. ¿Qué es el pecado?

1849-1851 El pecado es «una palabra, un acto o un deseo contrarios a la Ley
1871-1872 eterna» (San Agustín). Es una ofensa a Dios, a quien desobedecemos en vez de responder a su amor. Hiere la naturaleza del hombre y atenta contra la solidaridad humana. Cristo, en su Pasión, revela plenamente la gravedad del pecado y lo vence con su misericordia.

393. ¿Hay diversidad de pecados?

1852-1853 La variedad de los pecados es grande. Pueden distinguirse según su
1873 objeto o según las virtudes o los mandamientos a los que se oponen. Pueden referirse directamente a Dios, al prójimo o a nosotros mismos. Se los puede también distinguir en pecados de pensamiento, palabra, obra y omisión.

394. ¿Cómo se distinguen los pecados en cuanto a la gravedad? 1854

En cuanto a la gravedad, el pecado se distingue en pecado mortal y pecado venial.

395. ¿Cuándo se comete un pecado mortal?

Se comete un pecado mortal cuando se dan, al mismo tiempo, mate- 1855-1861
ria grave, plena advertencia y deliberado consentimiento. Este pecado 1874
destruye en nosotros la caridad, nos priva de la gracia santificante y, a menos que nos arrepintamos, nos conduce a la muerte eterna del infierno. Se perdona, por vía ordinaria, mediante los sacramentos del Bautismo y de la Penitencia o Reconciliación.

396. ¿Cuándo se comete un pecado venial?

El pecado venial, que se diferencia esencialmente del pecado mortal, 1862-1864
se comete cuando la materia es leve; o bien cuando, siendo grave la 1875
materia, no se da plena advertencia o perfecto consentimiento. Este pecado no rompe la alianza con Dios. Sin embargo, debilita la caridad, entraña un afecto desordenado a los bienes creados, impide el progreso del alma en el ejercicio de las virtudes y en la práctica del bien moral y merece penas temporales de purificación.

397. ¿Cómo prolifera en nosotros el pecado?

El pecado prolifera en nosotros pues uno lleva a otro, y su repetición 1865, 1876
genera el vicio.

398. ¿Qué son los vicios?

Los vicios, como contrarios a las virtudes, son hábitos perversos que 1866-1867
oscurecen la conciencia e inclinan al mal. Los vicios pueden ser referidos a los siete pecados llamados *capitales*: soberbia, avaricia, lujuria, ira, gula, envidia y pereza.

399. ¿Tenemos responsabilidad en los pecados cometidos por otros?

Tenemos responsabilidad en los pecados de los otros cuando coo- 1868
peramos culpablemente a que se cometan.

400. ¿Qué son las *estructuras* de pecado?

1869 Las *estructuras de pecado* son situaciones sociales o instituciones contrarias a la ley divina, expresión y efecto de los pecados personales.

CAPÍTULO SEGUNDO
La comunidad humana

La persona y la sociedad

401. ¿En qué consiste la dimensión social del hombre?

1877-1879 Junto a la llamada personal a la bienaventuranza divina, el hombre
1890-1891 posee una dimensión social que es parte esencial de su naturaleza y de su vocación. En efecto, todos los hombres están llamados a un idéntico fin, que es el mismo Dios. Hay una cierta semejanza entre la comunión de las Personas divinas y la fraternidad que los hombres deben instaurar entre ellos, fundada en la verdad y en la caridad. El amor al prójimo es inseparable del amor a Dios.

402. ¿Qué relación existe entre persona y sociedad?

1881-1882 La *persona* es y debe ser principio, sujeto y fin de todas las institu-
1892-1893 ciones sociales. Algunas sociedades, como la familia y la comunidad civil, son necesarias para la persona. También son útiles otras asociaciones, tanto dentro de las comunidades políticas como a nivel internacional, en el respeto del principio de *subsidiaridad.*

403. ¿Qué indica el principio de subsidiaridad?

1883-1885 El principio de subsidiaridad indica que una estructura social de
1894 orden superior no debe interferir en la vida interna de un grupo social de orden inferior, privándole de sus competencias, sino que más bien debe sostenerle en caso de necesidad.

404. ¿Qué más requiere una auténtica convivencia humana?

1886-1889 Una auténtica convivencia humana requiere respetar la justicia y la
1895-1896 recta jerarquía de valores, así como el subordinar las dimensiones

materiales e instintivas a las interiores y espirituales. En particular, cuando el pecado pervierte el clima social, se necesita hacer un llamamiento a la conversión del corazón y a la gracia de Dios, para conseguir los cambios sociales que estén realmente al servicio de cada persona, considerada en su integridad. La caridad es el más grande mandamiento social, pues exige y da la capacidad de practicarla justicia.

La participación en la vida social

405. ¿En qué se funda la autoridad de la sociedad?

Toda sociedad humana tiene necesidad de una autoridad legítima, 1897-1902
que asegure el orden y contribuya a la realización del bien común. 1918-1920
Esta autoridad tiene su propio fundamento en la naturaleza humana, porque corresponde al orden establecido por Dios.

406. ¿Cuándo se ejerce la autoridad de manera legítima?

La autoridad se ejerce de manera legítima cuando procura el bien 1903-1904
común, y para conseguirlo utiliza medios moralmente lícitos. Por 1921-1922
tanto, los regímenes políticos deben estar determinados por la liber- 1901
tad de decisión de los ciudadanos y respetar el principio del «Estado de derecho». Según tal principio, la soberanía es prerrogativa de la ley, no de la voluntad arbitraria de los hombres. Las leyes injustas y las medidas contrarias al orden moral no obligan en conciencia.

407. ¿Qué es el bien común?

Por bien común se entiende el conjunto de condiciones de la vida 1905-1906
social que hacen posible, a los grupos y a cada uno de sus miembros, 1924
el logro de la propia perfección.

408. ¿Qué supone el bien común?

El bien común supone: el respeto y la promoción de los derechos 1907-1909
fundamentales de la persona, el desarrollo de los bienes espirituales 1925
y temporales de la persona y la sociedad, y la paz y la seguridad de todos.

409. ¿Dónde se realiza de manera más completa el bien común?

1910-1912 La realización más completa del bien común se verifica en aquellas
1927 comunidades políticas que defienden y promueven el bien de los ciudadanos y de las instituciones intermedias, sin olvidar el bien universal de la familia humana.

410. ¿Cómo participa el hombre en la realización del bien común?

1913-1917 Todo hombre, según el lugar que ocupa y el papel que desempeña,
1926 participa en la realización del bien común, respetando las leyes justas y haciéndose cargo de los sectores en los que tiene responsabilidad personal, como son el cuidado de la propia familia y el compromiso en el propio trabajo. Por otra parte, los ciudadanos deben tomar parte activa en la vida pública, en la medida en que les sea posible.

La justicia social

411. ¿Cómo asegura la sociedad la justicia social?

1928-1933 La sociedad asegura la justicia social cuando respeta la dignidad y los
1943-1944 derechos de la persona, finalidad propia de la misma sociedad. Ésta, además, procura alcanzar la justicia social, vinculada al bien común y al ejercicio de la autoridad, cuando garantiza las condiciones que permiten a las asociaciones y a los individuos conseguir aquello que les corresponde por derecho.

412. ¿En que se fundamenta la igualdad entre los hombres?

1934-1935 Todos los hombres gozan de igual dignidad y derechos fundamen-
1945 tales, en cuanto que, creados a imagen del único Dios y dotados de una misma alma racional, tienen la misma naturaleza y origen, y están llamados en Cristo, único Salvador, a la misma bienaventuranza divina.

413. ¿Cómo hay que juzgar el hecho de la desigualdad entre los hombres?

1936-1938 Existen desigualdades económicas y sociales inicuas, que afectan a
1946-1947 millones de seres humanos, que están en total contraste con el Evan-

gelio, son contrarias a la justicia, a la dignidad de las personas y a la paz. Pero hay también diferencias entre los hombres, causadas por diversos factores, que entran en el plan de Dios. En efecto, Dios quiere que cada uno reciba de los demás lo que necesita, y que quienes disponen de talentos particulares los compartan con los demás. Estas diferencias alientan, y con frecuencia obligan, a las personas a la magnanimidad, la benevolencia y la solidaridad, e incitan a las culturas a enriquecerse unas a otras.

414. ¿Cómo se expresa la solidaridad humana?

La solidaridad, que emana de la fraternidad humana y cristiana, se 1939-1942
expresa ante todo en la justa distribución de bienes, en la equitativa 1948
remuneración del trabajo y en el esfuerzo en favor de un orden social más justo. La *virtud* de la solidaridad se realiza también en la comunicación de los bienes espirituales de la fe, aún más importantes que los materiales.

CAPÍTULO TERCERO
La salvación de Dios: La Ley y la gracia

La ley moral

415. ¿Qué es la ley moral?

La ley moral es obra de la Sabiduría divina. Prescribe al hom- 1950-1953
bre los caminos y las reglas de conducta que llevan a la bienaven 1975-1978
turanza prometida, y prohíbe los caminos que apartan de Dios.

416. ¿En qué consiste la ley moral natural?

La ley natural, inscrita por el Creador en el corazón de todo hom- 1954-1960
bre, consiste en una participación de la sabiduría y bondad de Dios, y 1978-1979
expresa el sentido moral originario, que permite al hombre discernir el bien y el mal, mediante la razón. La ley natural es universal e inmutable, y pone la base de los deberes y derechos fundamentales de la persona, de la comunidad humana y de la misma ley civil.

417. ¿Son todos capaces de percibir la ley natural?

1960 A causa del pecado, no siempre ni todos son capaces de percibir en modo inmediato y con igual claridad la ley natural.

Por esto, «Dios escribió en las tablas de la Ley lo que los hombres no alcanzaban a leer en sus corazones» (San Agustín).

418. ¿Qué relación existe entre la ley natural y la Ley antigua?

1961-1962 La Ley antigua constituye la primera etapa de la Ley revelada.
1980-1981 Expresa muchas verdades naturalmente accesibles a la razón, que se encuentran afirmadas y convalidadas en las Alianzas de la salvación. Sus prescripciones morales, recogidas en los Mandamientos del Decálogo, ponen la base de la vocación del hombre, prohíben lo que es contrario al amor de Dios y del prójimo e indican lo que les es esencial.

419. ¿Cómo se sitúa la Ley antigua en el plano de la salvación?

1963-1964 La Ley antigua permite conocer muchas verdades accesibles a la
1982 razón, señala lo que se debe o no se debe hacer, y sobre todo, como un sabio pedagogo, prepara y dispone a la conversión y a la acogida del Evangelio. Sin embargo, aun siendo santa, espiritual y buena, la Ley antigua es todavía imperfecta, porque no da por sí misma la fuerza y la gracia del Espíritu para observarla.

420. ¿En qué consiste la nueva Ley o Ley evangélica?

1965-1972 La nueva Ley o Ley evangélica, proclamada y realizada por Cristo, es
1983-1985 la plenitud y el cumplimiento de la ley divina, natural y revelada. Se resume en el mandamiento de amar a Dios y al prójimo, y de amarnos como Cristo nos ha amado. Es también una realidad grabada en el interior del hombre: la gracia del Espíritu Santo, que hace posible tal amor. Es «la ley de la libertad» (*St* 1, 25), porque lleva a actuar espontáneamente bajo el impulso de la caridad.

«La Ley nueva es principalmente la misma gracia del Espíritu Santo que se da a los que creen en Cristo» (Santo Tomás de Aquino).

421. ¿Dónde se encuentra la Ley nueva?

La Ley nueva se encuentra en toda la vida y la predicación de Cristo 1971-1974
y en la catequesis moral de los Apóstoles; el Sermón de la Montaña es 1986
su principal expresión.

Gracia y justificación

422. ¿Qué es la justificación?

La justificación es la obra más excelente del amor de Dios. Es la acción 1987-1995
misericordiosa y gratuita de Dios, que borra nuestros pecados, y nos 2017-2020
hace justos y santos en todo nuestro ser. Somos justificados por medio de la gracia del Espíritu Santo, que la Pasión de Cristo nos ha merecido y se nos ha dado en el Bautismo. Con la justificación comienza la libre respuesta del hombre, esto es, la fe en Cristo y la colaboración con la gracia del Espíritu Santo.

423. ¿Qué es la gracia que justifica?

La gracia es un don gratuito de Dios, por el que nos hace partícipes de 1996-1998
su vida trinitaria y capaces de obrar por amor a Él. Se le llama *gracia* 2005,2021
habitual, santificante o *deificante*, porque nos santifica y nos diviniza. Es *sobrenatural*, porque depende enteramente de la iniciativa gratuita de Dios y supera la capacidad de la inteligencia y de las fuerzas del hombre. Escapa, por tanto, a nuestra experiencia.

424. ¿Qué otros tipos de gracia existen?

Además de la gracia *habitual*, existen otros tipos de gracia: las gra- 1999-2000
cias actuales (dones en circunstancias particulares); las gracias sacra- 2003-2004
mentales (dones propios de cada sacramento); las gracias especiales o 2023-2024
carismas (que tienen como fin el bien común de la Iglesia), entre las que se encuentran las gracias de estado, que acompañan al ejercicio de los ministerios eclesiales y de las responsabilidades de la vida.

425. ¿Qué relación hay entre la gracia y la libertad del hombre?

La gracia previene, prepara y suscita la libre respuesta del hombre; 2001-2002
responde a las profundas aspiraciones de la libertad humana, la invita a cooperar y la conduce a su perfección.

426. ¿Qué es el mérito?

2006-2009 El mérito es lo que da derecho a la recompensa por una obra buena.
2025-2027 Respecto a Dios, el hombre, de suyo, no puede merecer nada, habiéndolo recibido todo gratuitamente de Él. Sin embargo, Dios da al hombre la posibilidad de adquirir méritos, mediante la unión a la caridad de Cristo, fuente de nuestros méritos ante Dios. Por eso, los méritos de las buenas obras deben ser atribuidos primero a la gracia de Dios y después a la libre voluntad del hombre.

427. ¿Qué bienes podemos merecer?

2010-2011 Bajo la moción del Espíritu Santo, podemos merecer, para nosotros
2027 mismos o para los demás, las gracias útiles para santificarnos y para alcanzar la gloria eterna, así como también los bienes temporales que nos convienen según el designio de Dios. Nadie puede merecer la *primera gracia,* que está en el origen de la conversión y de la justificación.

428. ¿Estamos todos llamados a la santidad cristiana?

2012-2016 Todos los fieles estamos llamados a la santidad cristiana. Ésta es
2028-2029 plenitud de la vida cristiana y perfección de la caridad, y se realiza en la unión íntima con Cristo y, en Él, con la Santísima Trinidad. El camino de santificación del cristiano, que pasa por la cruz, tendrá su cumplimiento en la resurrección final de los justos, cuando Dios sea todo en todos.

La Iglesia, Madre y Maestra

429. ¿Cómo nutre la Iglesia la vida moral del cristiano?

2030-2031 La Iglesia es la comunidad donde el cristiano acoge la Palabra de Dios
2047 y las enseñanzas de la «Ley de Cristo» *(Gal* 6, 2*)*; recibe la gracia de los sacramentos; se une a la ofrenda eucarística de Cristo, transformando así su vida moral en un culto espiritual; aprende del ejemplo de santidad de la Virgen María y de los santos.

430. ¿Por qué el Magisterio de la Iglesia interviene en el campo moral?

El Magisterio de la Iglesia interviene en el campo moral, porque es su 2032-2040
misión predicar la fe que hay que creer y practicar en la vida cotidi- 2049-2051
ana. Esta competencia se extiende también a los preceptos específicos de la ley natural, porque su observancia es necesaria para la salvación.

431. ¿Qué finalidad tienen los preceptos de la Iglesia?

Los preceptos de la Iglesia tienen por finalidad garantizar que los 2041
fieles cumplan con lo mínimo indispensable en relación al espíritu de 2048
oración, a la vida sacramental, al esfuerzo moral y al crecimiento en el amor a Dios y al prójimo.

432. ¿Cuáles son los preceptos de la Iglesia?

Los preceptos de la Iglesia son cinco: 1) Participar en la Misa todos 2042-2043
los domingos y fiestas de guardar, y no realizar trabajos y actividades que puedan impedir la santificación de estos días; 2) Confesar los propios pecados, mediante el sacramento de la Reconciliación al menos una vez al año; 3) Recibir el sacramento de la Eucaristía al menos en Pascua; 4) Abstenerse de comer carne y observar el ayuno en los días establecidos por la Iglesia; 5) Ayudar a la Iglesia en sus necesidades materiales, cada uno según sus posibilidades.

433. ¿Por qué la vida moral de los cristianos es indispensable para el anuncio del Evangelio?

La vida moral de los cristianos es indispensable para el anuncio del 2044-2046
Evangelio, porque, conformando su vida con la del Señor Jesús, los fieles atraen a los hombres a la fe en el verdadero Dios, edifican la Iglesia, impregnan el mundo con el espíritu del Evangelio y apresuran la venida del Reino de Dios.

SEGUNDA SECCIÓN

LOS DIEZ MANDAMIENTOS

Un joven le preguntó a Jesús: «Maestro, ¿qué he de hacer yo de bueno para conseguir la vida eterna?» (*Mt* 19, 16). Jesús le respondió: «Si quieres entrar en la vida, guarda los mandamientos», añadiendo inmediatamente después: «Ven y sígueme» (*Mt* 19, 17. 21).

El seguimiento de Jesús implica la observancia de los mandamientos. La Ley antigua no ha sido abolida, pero el hombre es invitado a reencontrarla en la persona del divino Maestro, que la realiza perfectamente en sí mismo, revela su plena significación y atestigua su perennidad.

Esta imagen representa a Jesús que instruye a sus discípulos en el llamado *sermón de la montaña* (cf *Mt* 5-7). Los elementos más importantes de esta enseñanza son las bienaventuranzas, el perfeccionamiento de la Ley antigua, la oración del *Padre Nuestro,* las indicaciones sobre el ayuno, y la invitación a los discípulos a ser sal de la tierra y luz del mundo.

El monte de las bienaventuranzas, con su elevación sobre la tierra y su cercanía al cielo, simboliza un lugar excelso para el encuentro con Dios. Jesús Maestro, sobre una cátedra privilegiada, la roca, y con el dedo índice de la mano derecha dirigido al cielo, señala la procedencia divina de sus palabras de vida y felicidad. El rollo, que aprieta con su mano izquierda, muestra la plenitud de su doctrina, que Él entrega con confianza a sus apóstoles, invitándoles a predicar el Evangelio a todas las gentes, bautizándolas en el nombre del Padre, del Hijo y del Espíritu Santo.

Los apóstoles, situados como corona a los pies del Maestro, aparecen con aureola, para indicar su fidelidad a Jesús y su testimonio de santidad en la Iglesia; solamente uno, casi escondido a la derecha, tiene una aureola negra, para sugerir su infidelidad a la Buena Nueva. El anuncio del reino de Dios predicado por Jesús no fue una palabra vacía e inconsistente, sino una acción válida y eficaz. A este propósito, es significativo el episodio del paralítico de Cafarnaún, recogido por los tres Evangelios sinópticos:

«Jesús subió a la barca, pasó a la otra orilla y vino a su ciudad. En esto trajeron donde Él a un paralítico postrado en una camilla. Viendo Jesús la fe de ellos, dijo al paralítico: ¡Ánimo!, hijo, tus pecados te son perdonados. Entonces algunos escribas dijeron para sí: "Éste está blasfemando". Mas Jesús, cono-ciendo sus pensamientos, dijo: "¿Por qué pensáis mal en vuestros corazones? ¿Qué es más fácil, decir: "Tus pecados te son perdonados"; o decir: "Levántate y anda"? Pues para que sepáis que el hijo del hombre tiene en la tierra poder de perdonar pecados –dice entonces al paralítico–: "Levántate, toma tu camilla y vete a tu casa". Él se levantó y se fue a su casa» (*Mt* 9, 1-7).

En este hecho, la curación física no es otra cosa que la cara visible del milagro espiritual de la liberación del pecado. Curar y perdonar quedan como los gestos típicos de la pedagogía de Jesús, el divino Maestro.

BEATO ANGÉLICO, *El sermón de la montaña,* Museo de San Marcos, Florencia. (Fotografía por Scala/Art Resource, NY.)

ÉXODO 20, 2-17	DEUTERONOMIO 5, 6-21	FÓRMULA CATEQUÉTICA
Yo soy el Señor tu Dios, que te ha sacado del país de Egipto, de la casa de servidumbre	Yo soy el Señor tu Dios, que te ha sacado del país de Egipto, de la condición servil.	Yo soy el Señor tu Dios:
No habrá para ti otros dioses delante cosas. No te harás escultura ni imagen alguna, ni de lo que hay arriba en los cielos, ni de lo que hay abajo en la tierra. No te postrarás ante ellas ni les darás culto, porque yo el Señor, tu Dios, soy un Dios celoso, que castigo la iniquidad de los padres en los hijos, hasta la tercera generación de los que me odian, y tengo misericordia por millares con los que me aman y guardan mis mandamientos.	No habrá para ti dioses delante de mí.	1. Amarás a Dios sobre todas las cosas.
No tomarás en falso el nombre del Señor, tu Dios, porque el Señor no dejará sin castigo a quien toma su nombre en falso.	No tomarás en falso el nombre del Señor tu Dios ...	2. No tomarás el nombre de Dios en vano.

ÉXODO 20, 2-17	DEUTERONOMIO 5, 6-21	FÓRMULA CATEQUÉTICA
Recuerda el día del para santificarlo. Seis días trabajarás y harás todos tus trabajos, pero el séptimo es día de descanso para el Señor, tu Dios. No harás ningún trabajo, ni tú, ni tu hijo ni tu hija ni tu siervo ni tu sierva, ni tu ganado, ni el forastero que habita en tu ciudad. Pues en seis días hizo el Señor el cielo y la tierra, el mar y todo cuanto contienen, y el séptimo descansó; por eso bendijo el Señor el día del sábado.	Guardarás el día del sábado para santificarlo.	3. Santificarás las fiestas.
Honra a tu padre y a tu madre para que se prolonguen tus días sobre la tierra que el Señor, tu Dios, te va a dar.	Honra a tu padre y a tu madre.	4. Honrarás a tu padre y a tu madre.
No matarás.	No matarás.	5. No matarás.
No cometerás adulterio.	No cometerás adulterio.	6. No cometerás actos impuros.
No robarás.	No robarás.	7. No robarás.
No darás falso testimonio contra tu prójimo.	No darás testimonio falso contra tu prójimo.	8. No darás falso testimonio ni mentirás.

ÉXODO 20, 2-17	DEUTERONOMIO 5, 6-21	FÓRMULA CATEQUÉTICA
No codiciarás la casa de tu prójimo.	No desearás la mujer de tu prójimo.	9. No consentirás pensamientos ni deseos impuros.
No codiciarás la mujer de tu prójimo, ni su siervo, ni su sierva, ni su buey, ni su asno, ni	No codiciarás...	10. No codiciarás los bienes ajenos.
nada que sea de tu prójimo.	nada que sea de tu prójimo.	

434. «Maestro, ¿qué he de hacer de bueno para conseguir la vida eterna» (*Mt* 19, 16)?

Al joven que le pregunta «Maestro, ¿qué he de hacer de bueno para 2052- 2054
conseguir la vida eterna?», Jesús responde: «Si quieres entrar en la 2075-2076
vida, guarda los mandamientos», y después añade: «Ven y sígueme» (*Mt* 19, 16). Seguir a Jesús implica cumplir los Mandamientos. La Ley no es abolida. Por el contrario, el hombre es invitado a encontrarla en la persona del divino Maestro, que la realiza perfectamente en sí mismo, revela su pleno significado y atestigua su perennidad.

435. ¿Cómo interpreta Jesús la Ley?

Jesús interpreta la Ley a la luz del doble y único mandamiento de la 2055
caridad, que es su plenitud: «Amarás al Señor tu Dios con todo tu corazón, con toda tu alma y con toda tu mente. Éste es el mayor y primer mandamiento. El segundo es semejante a éste: Amarás a tu prójimo como a ti mismo. De estos dos mandamientos penden toda la Ley y los Profetas» (*Mt* 22, 37-40).

436. ¿Qué significa «Decálogo»?

Decálogo significa las «diez palabras» que recogen la Ley dada por 2056-2057
Dios al pueblo de Israel durante la Alianza hecha por medio de

Moisés (*Ex* 34, 28). El Decálogo, al presentar los mandamientos del amor a Dios (los tres primeros) y al prójimo (los otros siete), traza, para el pueblo elegido y para cada uno en particular, el camino de una vida liberada de la esclavitud del pecado.

437. ¿Cuál es el vínculo del Decálogo con la Alianza?

2058-2063 El Decálogo se comprende a la luz de la Alianza, en la que Dios se
2077 revela, dando a conocer su voluntad. Al guardar los Mandamientos, el pueblo expresa su pertenencia a Dios, y responde con gratitud a su iniciativa de amor.

438. ¿Qué importancia da la Iglesia al Decálogo?

2064-2068 Fiel a la Escritura y siguiendo el ejemplo de Jesús, la Iglesia ha reconocido en el Decálogo una importancia y un significado fundamentales. Los cristianos están obligados a observarlo.

439. ¿Por qué el Decálogo constituye una unidad orgánica?

2069 Los diez mandamientos constituyen un todo orgánico e indisociable,
2079 porque cada mandamiento remite a los demás y a todo el Decálogo. Por tanto, transgredir un mandamiento es como quebrantar toda la Ley.

440. ¿Por qué el Decálogo obliga gravemente?

2072-2073 El Decálogo obliga gravemente porque enuncia los deberes funda-
2081 mentales del hombre para con Dios y para con el prójimo.

441. ¿Es posible cumplir el Decálogo?

2074 Sí, es posible cumplir el Decálogo, porque Cristo, sin el cual nada
2082 podemos hacer, nos hace capaces de ello con el don del Espíritu Santo y de la gracia.

CAPÍTULO PRIMERO
«Amarás al Señor tu dios con todo tu corazón, con toda tu alma y con todas tus fuerzas»

Primer Mandamiento: Yo soy el Señor tu Dios. Amarás a Dios sobre todas las cosas

442. ¿Qué implica la afirmación de Dios: «Yo soy el Señor tu Dios» (*Ex* 20, 20)?

La afirmación: «Yo soy el Señor tu Dios» implica para el fiel guardar 2083-2094
y poner en práctica las tres virtudes teologales, y evitar los pecados 2133-2134
que se oponen a ellas. La *fe* cree en Dios y rechaza todo lo que le es contrario, como, por ejemplo, la duda voluntaria, la incredulidad, la herejía, la apostasía y el cisma. La *esperanza* aguarda confiadamente la bienaventurada visión de Dios y su ayuda, evitando la desesperación y la presunción. La *caridad* ama a Dios sobre todas las cosas y rechaza la indiferencia, la ingratitud, la tibieza, la pereza o indolencia espiritual y el odio a Dios, que nace del orgullo.

443. ¿Qué comporta la Palabra del Señor: «Adorarás al Señor tu Dios y a Él sólo darás culto» *(Mt* 4, 10)?

Las palabras «adorarás al Señor tu Dios y a Él sólo darás culto» 2095-2105
suponen adorar a Dios como Señor de todo cuanto existe; rendirle el 2135-2136
culto debido individual y comunitariamente; rezarle con expresiones de alabanza, de acción de gracias y de súplica; ofrecerle sacrificios, sobre todo el espiritual de nuestra vida, unido al sacrificio perfecto de Cristo; mantener las promesas y votos que se le hacen.

444. ¿Cómo ejerce el hombre su derecho a rendir culto a Dios en verdad y en libertad?

Todo hombre tiene el derecho y el deber moral de buscar la verdad, 2104-2109
especialmente en lo que se refiere a Dios y a la Iglesia, y, una vez 2137
conocida, de abrazarla y guardarla fielmente, rindiendo a Dios un culto auténtico. Al mismo tiempo, la dignidad de la persona humana requiere que, en materia religiosa, nadie sea forzado a obrar contra su conciencia, ni impedido a actuar de acuerdo con la propia conciencia,

tanto pública como privadamente, en forma individual o asociada, dentro de los justos límites del orden público.

445. ¿Qué es lo que Dios prohíbe cuando manda: «No tendrás otro Dios fuera de mí» (*Ex* 20, 2)?

2010-2128 Con el mandamiento «No tendrás otro Dios fuera de mí» se prohíbe:

2138-2140 el *politeísmo* y la *idolatría*, que diviniza a una criatura, el poder, el dinero, incluso al demonio;

la *superstición*, que es una desviación del culto debido al Dios verdadero, y que se expresa también bajo las formas de adivinación, magia, brujería y espiritismo;

la *irreligión*, que se manifiesta en tentar a Dios con palabras o hechos; en el sacrilegio, que profana a las personas y las cosas sagradas, sobre todo la Eucaristía; en la simonía, que intenta comprar o vender realidades espirituales;

el *ateísmo*, que rechaza la existencia de Dios, apoyándose frecuentemente en una falsa concepción de la autonomía humana;

el *agnosticismo*, según el cual, nada se puede saber sobre Dios, y que abarca el indiferentismo y el ateísmo práctico.

446. El mandato de Dios: «No te harás escultura alguna...» (*Ex* 20, 3), ¿prohíbe el culto a las imágenes?

2129-2132 En el Antiguo Testamento, el mandato «no te harás escultura alguna»
2141 prohibía representar a Dios, absolutamente trascendente. A partir de la encarnación del Verbo, el culto cristiano a las sagradas imágenes está justificado (como afirma el II Concilio de Nicea del año 787), porque se fundamenta en el Misterio del Hijo de Dios hecho hombre, en el cual, el Dios trascendente se hace visible. No se trata de una adoración de la imagen, sino de una veneración de quien en ella se representa: Cristo, la Virgen, los ángeles y los santos.

Segundo Mandamiento: No tomarás el Nombre de Dios en vano

447. ¿Cómo se respeta la santidad del nombre de Dios?

Se respeta la santidad del Nombre de Dios invocándolo, bendiciéndole, alabándole y glorificándole. Ha de evitarse, por tanto, el abuso de apelar al Nombre de Dios para justificar un crimen, y todo uso inconveniente de su Nombre, como la *blasfemia*, que por su misma naturaleza es un pecado grave; la *imprecación* y la *infidelidad* a las promesas hechas en nombre de Dios. 2142-2149 2160-2162

448. ¿Por qué está prohibido jurar en falso?

Está prohibido jurar en falso, porque ello supone invocar en una causa a Dios, que es la verdad misma, como testigo de una mentira. 2150-2151 2163-2164

> *«No jurar ni por Criador, ni por criatura, si no fuere con verdad, necesidad y reverencia»* (San Ignacio de Loyola).

449. ¿Qué es el perjurio?

El perjurio es hacer, bajo juramento, una promesa con intención de no cumplirla, o bien violar la promesa hecha bajo juramento. Es un pecado grave contra Dios, que siempre es fiel a sus promesas. 2152-2155

Tercer Mandamiento: Santificarás las Fiestas

450. ¿Por qué Dios «ha bendecido el día del sábado y lo ha declarado sagrado» (*Ex* 20,11)?

Dios ha bendecido el sábado y lo ha declarado sagrado, porque en este día se hace memoria del *descanso de Dios* el séptimo día de la creación, así como de la liberación de Israel de la esclavitud de Egipto y de la Alianza que Dios hizo con su pueblo. 2168-2172 2189

451. ¿Cómo se comporta Jesús en relación con el sábado?

2173 Jesús reconoce la santidad del sábado, y con su autoridad divina le da la interpretación auténtica: «El sábado ha sido instituido para el hombre y no el hombre para el sábado» (*Mc* 2, 27).

452. ¿Por qué motivo, para los cristianos, el sábado ha sido sustituido por el domingo?

2174-2176 Para los cristianos, el sábado ha sido sustituido por el domingo,
2190-2191 porque éste es el día de la Resurrección de Cristo. Como «primera día de la semana» (*Mc* 16, 2), recuerda la primera creación; como «octavo día», que sigue al sábado, significa la nueva creación inaugurada con la Resurrección de Cristo. Es considerado, así, por los cristianos como el primero de todos los días y de todas las fiestas: *el día del Señor*, en el que Jesús, con su Pascua, lleva a cumplimiento la verdad espiritual del sábado judío y anuncia el descanso eterno del hombre en Dios.

453. ¿Cómo se santifica el domingo?

2177-2185 Los cristianos santifican el domingo y las demás fiestas de precepto
2192-2193 participando en la Eucaristía del Señor y absteniéndose de las actividades que les impidan rendir culto a Dios, o perturben la alegría propia del día del Señor o el descanso necesario del alma y del cuerpo. Se permiten las actividades relacionadas con las necesidades familiares o los servicios de gran utilidad social, siempre que no introduzcan hábitos perjudiciales a la santificación del domingo, a la vida de familia y a la salud.

454. ¿Por qué es importante reconocer civilmente el domingo como día festivo?

2186-2188 Es importante que el domingo sea reconocido civilmente como día
2194-2195 festivo, a fin de que todos tengan la posibilidad real de disfrutar del suficiente descanso y del tiempo libre que les permitan cuidar la vida religiosa, familiar, cultural y social; de disponer de tiempo propicio para la meditación, la reflexión, el silencio y el estudio, y de dedicarse a hacer el bien, en particular en favor de los enfermos y de los ancianos.

CAPÍTULO SEGUNDO
«Amarás a tu prójimo como a ti mismo»

Cuarto Mandamiento: Honrarás a tu padre y a tu madre

455. ¿Qué manda el cuarto mandamiento?

El cuarto mandamiento ordena honrar y respetar a nuestros padres, 2196-2200
y a todos aquellos a quienes Dios ha investido de autoridad para 2247-2248
nuestro bien.

456. ¿Cuál es la naturaleza de la familia en el plan de Dios?

En el plan de Dios, un hombre y una mujer, unidos en matrimonio, 2201-2205
forman, por sí mismos y con sus hijos, una familia. Dios ha instituido 2249
la familia y le ha dotado de su constitución fundamental. El matrimonio y la familia están ordenados al bien de los esposos y a la procreación y educación de los hijos. Entre los miembros de una misma familia se establecen relaciones personales y responsabilidades primarias. En Cristo la familia se convierte en *Iglesia doméstica*, porque es una comunidad de fe, de esperanza y de amor.

457. ¿Qué lugar ocupa la familia en la sociedad?

La familia es la célula original de la sociedad humana, y precede 2207-2208
a cualquier reconocimiento por parte de la autoridad pública. Los principios y valores familiares constituyen el fundamento de la vida social. La vida de familia es una iniciación a la vida de la sociedad.

458. ¿Qué deberes tiene la sociedad en relación con la familia?

La sociedad tiene el deber de sostener y consolidar el matrimonio 2209-2213
y la familia, en constante el respeto del principio de subsidiaridad. 2250
Los poderes públicos deben respetar, proteger y favorecer la verdadera naturaleza del matrimonio y de la familia, la moral pública, los derechos de los padres, y el bienestar doméstico.

459. ¿Cuáles son los deberes de los hijos hacia sus padres?

2214-2220 Los hijos deben a sus padres respeto (piedad filial), reconocimiento,
2251 docilidad y obediencia, contribuyendo así, junto a las buenas relaciones entre hermanos y hermanas, al crecimiento de la armonía y de la santidad de toda la vida familiar. En caso de que los padres se encuentren en situación de pobreza, de enfermedad, de soledad o de ancianidad, los hijos adultos deben prestarles ayuda moral y material.

460. ¿Cuáles son los deberes de los padres hacia los hijos?

2221-2231 Los padres, partícipes de la paternidad divina, son los primeros responsables de la educación de sus hijos y los primeros anunciadores de la fe. Tienen el deber de amar y de respetar a sus hijos como *personas* y como *hijos de Dios*, y proveer, en cuanto sea posible, a sus necesidades materiales y espirituales, eligiendo para ellos una escuela adecuada, y ayudándoles con prudentes consejos en la elección de la profesión y del estado de vida. En especial, tienen la misión de educarlos en la fe cristiana.

461. ¿Cómo educan los padres a sus hijos en la fe cristiana?

2252-2253 Los padres educan a sus hijos en la fe cristiana principalmente con el ejemplo, la oración, la catequesis familiar y la participación en la vida de la Iglesia.

462. ¿Son un bien absoluto los vínculos familiares?

2232-2233 Los vínculos familiares, aunque sean importantes, no son absolutos, porque la primera vocación del cristiano es seguir a Jesús, amándolo: «El que ama su padre o a su madre más que a mí no es digno de mí» (*Mt* 10, 37). Los padres deben favorecer gozosamente el seguimiento de Jesús por parte de sus hijos en todo estado de vida, también en la vida consagrada y en el ministerio sacerdotal.

463. ¿Cómo se ejerce la autoridad en los distintos ámbitos de la sociedad civil?

2234-2237 En los distintos ámbitos de la sociedad civil, la autoridad se ejerce
2254 siempre como un servicio, respetando los derechos fundamentales del hombre, una justa jerarquía de valores, las leyes, la justicia dis-

tributiva y el principio de subsidiaridad. Cada cual, en el ejercicio de la autoridad, debe buscar el interés de la comunidad antes que el propio, y debe inspirar sus decisiones en la verdad sobre Dios, sobre el hombre y sobre el mundo.

464. ¿Cuáles son los deberes de los ciudadanos respecto a las autoridades civiles?

Quienes están sometidos a las autoridades deben considerarlas como 2238-2241
representantes de Dios, ofreciéndoles una colaboración leal para el 2255
buen funcionamiento de la vida pública y social. Esto exige el amor y servicio de la patria, el derecho y el deber del voto, el pago de los impuestos, la defensa del país y el derecho a una crítica constructiva.

465. ¿Cuándo el ciudadano no debe obedecer a las autoridades civiles?

El ciudadano no debe en conciencia obedecer cuando las prescripcio- 2238-2241
nes de la autoridad civil se opongan a las exigencias del orden moral: 2255
«Hay que obedecer a Dios antes que a los hombres» (*Hch* 5, 29).

Quinto Mandamiento: No matarás

466. ¿Por qué ha de ser respetada la vida humana?

La vida humana ha de ser respetada porque *es sagrada*. Desde el 2242-2262
comienzo supone la acción creadora de Dios y permanece para siem- 2318-2320
pre en una relación especial con el Creador, su único fin. A nadie le es lícito destruir directamente a un ser humano inocente, porque es gravemente contrario a la dignidad de la persona y a la santidad del Creador. «No quites la vida del inocente y justo» (*Ex* 23, 7).

467. ¿Por qué la legítima defensa de la persona y de la sociedad no va contra esta norma?

Con la legítima defensa se toma la opción de defenderse y se valora 2263-2265
el derecho a la vida, propia o del otro, pero no la opción de matar. La legítima defensa, para quien tiene la responsabilidad de la vida de otro, puede también ser un grave deber. Y no debe suponer un uso de la violencia mayor que el necesario.

468. ¿Para qué sirve una pena?

2266 Una pena impuesta por la autoridad pública, tiene como objetivo reparar el desorden introducido por la culpa, defender el orden público y la seguridad de las personas y contribuir a la corrección del culpable.

469. ¿Qué pena se puede imponer?

2267 La pena impuesta debe ser proporcionada a la gravedad del delito. Hoy, como consecuencia de las posibilidades que tiene el Estado para reprimir eficazmente el crimen, haciendo inofensivo a aquél que lo ha cometido, los casos de absoluta necesidad de pena de muerte «suceden muy rara vez, si es que ya en realidad se dan algunos» (Juan Pablo II, Carta Encíclica *Evangelium vitae*). Cuando los medios incruentos son suficientes, la autoridad debe limitarse a estos medios, porque corresponden mejor a las condiciones concretas del bien común, son más conformes a la dignidad de la persona y no privan definitivamente al culpable de la posibilidad de rehabilitarse.

470. ¿Qué prohíbe el quinto mandamiento?

2268-2283 El quinto mandamiento prohíbe, como gravemente contrarios a la
2321-2326 ley moral:

el *homicidio directo y voluntario* y la cooperación al mismo;

el *aborto directo*, querido como fin o como medio, así como la cooperación al mismo, bajo pena de excomunión, porque el ser humano, desde el instante de su concepción, ha de ser respetado y protegido de modo absoluto en su integridad;

la *eutanasia directa*, que consiste en poner término, con una acción o una omisión de lo necesario, a la vida de las personas discapacitadas, gravemente enfermas o próximas a la muerte;

el *suicidio* y la cooperación voluntaria al mismo, en cuanto es una ofensa grave al justo amor de Dios, de sí mismo y del prójimo; por lo que se refiere a la responsabilidad, ésta puede quedar agravada en razón del escándalo o atenuada por particulares trastornos psíquicos o graves temores.

471. ¿Qué tratamientos médicos se permiten cuando la muerte se considera inminente?

Los cuidados que se deben de ordinario a una persona enferma no pueden ser legítimamente interrumpidos; son legítimos, sin embargo, el uso de analgésicos, no destinados a causar la muerte, y la renuncia al «encarnizamiento terapéutico», esto es, a la utilización de tratamientos médicos desproporcionados y sin esperanza razonable de resultado positivo. 2278-2279

472. ¿Por qué la sociedad debe proteger a todo embrión?

La sociedad debe proteger a todo embrión, porque el derecho inalienable a la vida de todo individuo humano desde su concepción es un elemento constitutivo de la sociedad civil y de su legislación. Cuando el Estado no pone su fuerza al servicio de los derechos de todos, y en particular de los más débiles, entre los que se encuentran los concebidos y aún no nacidos, quedan amenazados los fundamentos mismos de un Estado de derecho. 2273-2274

473. ¿Cómo se evita el escándalo?

El escándalo, que consiste en inducir a otro a obrar el mal, se evita respetando el alma y el cuerpo de la persona. Pero si se induce deliberadamente a otros a pecar gravemente, se comete una culpa grave. 2284-2287

474. ¿Qué deberes tenemos hacia nuestro cuerpo?

Debemos tener un razonable *cuidado de la salud física*, la propia y la de los demás, evitando siempre el *culto al cuerpo* y toda suerte de excesos. Ha de evitarse, además, el uso de estupefacientes, que causan gravísimos daños a la salud y a la vida humana, y también el abuso de los alimentos, del alcohol, del tabaco y de los medicamentos. 2288-2291

475. ¿Cuándo son moralmente legítimas las experimentaciones científicas, médicas o psicológicas sobre las personas o sobre grupos humanos?

Las experimentaciones científicas, médicas o psicológicas sobre las personas o sobre grupos humanos son moralmente legítimas si están al servicio del bien integral de la persona y de la sociedad, 2292-2295 sin riesgos desproporcionados para la vida y la integridad física y psíquica de los sujetos, oportunamente informados y contando con su consentimiento.

476. ¿Se permiten el trasplante y la donación de órganos antes y después de la muerte?

2296 El trasplante de órganos es moralmente aceptable con el consentimiento del donante y sin riesgos excesivos para él. Para el noble acto de la donación de órganos después de la muerte, hay que contar con la plena certeza de la muerte real del donante.

477. ¿Qué prácticas son contrarias al respeto a la integridad corporal de la persona humana?

2297-2298 Prácticas contrarias al respeto a la integridad corporal de la persona humana son las siguientes: los secuestros de personas y la toma de rehenes, el terrorismo, la tortura, la violencia y la esterilización directa. Las amputaciones y mutilaciones de una persona están moralmente permitidas sólo por los indispensables fines terapéuticos de las mismas.

478. ¿Qué cuidados deben procurarse a los moribundos?

2299 Los moribundos tienen derecho a vivir con dignidad los últimos momentos de su vida terrena, sobre todo con la ayuda de la oración y de los sacramentos, que preparan al encuentro con el Dios vivo.

479. ¿Cómo deben ser tratados los cuerpos de los difuntos?

2300-2301 Los cuerpos de los difuntos deben ser tratados con respeto y caridad. La cremación de los mismos está permitida, si se hace sin poner en cuestión la fe en la resurrección de los cuerpos.

480. ¿Qué exige el Señor a toda persona para la defensa de la paz?

2302-2303 El Señor que proclama «*bienaventurados* los que construyen la paz» (*Mt* 5, 9), exige la paz del corazón y denuncia la inmoralidad de la ira, que es el deseo de venganza por el mal recibido, y del odio, que lleva a desear el mal al prójimo. Estos comportamientos, si son voluntarios y consentidos en cosas de gran importancia, son pecados graves contra la caridad.

481. ¿En qué consiste la paz en el mundo?

La paz en el mundo, que es la búsqueda del respeto y del desarrollo 2304-2305
de la vida humana, no es simplemente ausencia de guerra o equilibrio de fuerzas contrarias, sino que es «la tranquilidad del orden» (San Agustín), «fruto de la justicia» (*Is* 32, 17) y efecto de la caridad. La paz en la tierra es imagen y fruto de la paz de Cristo.

482. ¿Qué se requiere para la paz en el mundo?

Para la paz en el mundo se requiere la justa distribución y la tutela 2304
de los bienes de las personas, la libre comunicación entre los seres 2307-2308
humanos, el respeto a la dignidad de las personas humanas y de los pueblos, y la constante práctica de la justicia y de la fraternidad.

483. ¿Cuándo está moralmente permitido el uso de la fuerza militar?

El uso de la fuerza militar está moralmente justificado cuando se dan 2307-2310
simultáneamente las siguientes condiciones: certeza de que el daño infringido es duradero y grave; la ineficacia de toda alternativa pacífica; fundadas posibilidades de éxito en la acción defensiva y ausencia de males aún peores, dado el poder de los medios modernos de destrucción.

484. En caso de amenaza de guerra, ¿a quién corresponde determinar si se dan las anteriores condiciones?

Determinar si se dan las condiciones para un uso moral de la fuerza 2309
militar compete al prudente juicio de los gobernantes, a quienes corresponde también el derecho de imponer a los ciudadanos la obligación de la defensa nacional, dejando a salvo el derecho personal a la objeción de conciencia y a servir de otra forma a la comunidad humana.

485. ¿Qué exige la ley moral en caso de guerra?

2312-2314 La ley moral permanece siempre válida, aún en caso de guerra. Exige
2328 que sean tratados con humanidad los no combatientes, los soldados heridos y los prisioneros. Las acciones deliberadamente contrarias al derecho de gentes, como también las disposiciones que las ordenan, son crímenes que la obediencia ciega no basta para excusar. Se deben condenar las destrucciones masivas así como el exterminio de un pueblo o de una minoría étnica, que son pecados gravísimos; y hay obligación moral de oponerse a la voluntad de quienes los ordenan.

486. ¿Qué es necesario hacer para evitar la guerra?

2315-2317 Se debe hacer todo lo razonablemente posible para evitar a toda costa
2327-2330 la guerra, teniendo en cuenta los males e injusticias que ella misma provoca. En particular, es necesario evitar la acumulación y el comercio de armas no debidamente reglamentadas por los poderes legítimos; las injusticias, sobre todo económicas y sociales; las discriminaciones étnicas o religiosas; la envidia, la desconfianza, el orgullo y el espíritu de venganza. Cuanto se haga por eliminar estos u otros desórdenes ayuda a construir la paz y a evitar la guerra.

Sexto Mandamiento: No cometerás actos impuros

487. ¿Qué corresponde a la persona humana frente a la propia identidad sexual?

2331-2336 Dios ha creado al hombre como varón y mujer, con igual dignidad
2392-2393 personal, y ha inscrito en él la vocación del amor y de la comunión. Corresponde a cada uno aceptar la propia identidad sexual, reconociendo la importancia de la misma para toda la persona, su especificidad y complementariedad.

488. ¿Qué es la castidad?

2337-2338 La castidad es la positiva integración de la sexualidad en la persona. La sexualidad es verdaderamente humana cuando está integrada de manera justa en la relación de persona a persona. La castidad es una virtud moral, un don de Dios, una gracia y un fruto del Espíritu.

489. ¿Qué supone la virtud de la castidad?

La virtud de la castidad supone la adquisición del dominio de sí mismo, 2339-2341
como expresión de libertad humana destinada al don de uno mismo. Para este fin, es necesaria una integral y permanente educación, que se realiza en etapas graduales de crecimiento.

490. ¿De qué medios disponemos para ayudarnos a vivir la castidad?

Son numerosos los medios de que disponemos para vivir la castidad: 2340-2347
la gracia de Dios, la ayuda de los sacramentos, la oración, el conocimiento de uno mismo, la práctica de una ascesis adaptada a las diversas situaciones y el ejercicio de las virtudes morales, en particular de la virtud de la templanza, que busca que la razón sea la guía de las pasiones.

491. ¿De qué modos todos están llamados a vivir la castidad?

Todos, siguiendo a Cristo modelo de castidad, están llamados a llevar 2348-2350
una vida casta según el propio estado de vida: unos viviendo en la 2394
virginidad o en el celibato consagrado, modo eminente de dedicarse más fácilmente a Dios, con corazón indiviso; otros, si están casados, viviendo la castidad conyugal; los no casados, practicando la castidad en la continencia.

492. ¿Cuáles son los principales pecados contra la castidad?

Son pecados gravemente contrarios a la castidad, cada uno según la 2351-2359
naturaleza del propio objeto: el adulterio, la masturbación, la forni- 2396
cación, la pornografía, la prostitución, el estupro y los actos homosexuales. Estos pecados son expresión del vicio de la lujuria. Si se cometen con menores, estos actos son un atentado aún más grave contra su integridad física y moral.

493. ¿Por qué el sexto mandamiento prohíbe todos los pecados contra la castidad?

Aunque en el texto bíblico del Decálogo se dice «no cometerás adulte- 2336
rio» (*Ex* 20, 14), la Tradición de la Iglesia tiene en cuenta todas las enseñanzas morales del Antiguo y del Nuevo Testamento, y considera el

sexto mandamiento como referido al conjunto de todos los pecados contra la castidad.

494. ¿Cuáles son los deberes de las autoridades civiles respecto a la castidad?

2354 Las autoridades civiles, en cuanto obligadas a promover el respeto a la dignidad de la persona humana, deben contribuir a crear un ambiente favorable a la castidad, impidiendo inclusive, mediante leyes adecuadas, algunas de las graves ofensas a la castidad antes mencionadas, en orden sobre todo a proteger a los menores y a los más débiles.

495. ¿Cuáles son los bienes del amor conyugal, al que está ordenada la sexualidad?

2360-2361 Los bienes del amor conyugal, que para los bautizados está santi-
2397-2398 ficado por el sacramento del matrimonio, son: la unidad, la fidelidad, la indisolubilidad y la apertura a la fecundidad.

496. ¿Cuál es el significado del acto conyugal?

2362-2367 El acto conyugal tiene un doble significado: de unión (la mutua donación de los cónyuges), y de procreación (apertura a la transmisión de la vida). Nadie puede romper la conexión inseparable que Dios ha querido entre los dos significados del acto conyugal, excluyendo de la relación el uno o el otro.

497. ¿Cuándo es moral la regulación de la natalidad?

2368-2369 La regulación de la natalidad, que representa uno de los aspectos
2399 de la paternidad y de la maternidad responsables, es objetivamente conforme a la moralidad cuando se lleva a cabo por los esposos sin imposiciones externas; no por egoísmo, sino por motivos serios; y con métodos conformes a los criterios objetivos de la moralidad, esto es, mediante la continencia periódica y el recurso a los períodos de infecundidad.

498. ¿Cuáles son los medios inmorales para la regulación de la natalidad?

Es intrínsecamente inmoral toda acción –como, por ejemplo, la esterilización directa o la contracepción–, que, bien en previsión del acto conyugal o en su realización, o bien en el desarrollo de sus consecuencias naturales, se proponga como fin o como medio, impedir la procreación. 2370-2372

499. ¿Por qué son inmorales la inseminación y la fecundación artificial?

La inseminación y la fecundación artificial son inmorales, porque disocian la procreación del acto conyugal con el que los esposos se entregan mutuamente, instaurando así un dominio de la técnica sobre el origen y sobre el destino de la persona humana. Además, la inseminación y la fecundación heterólogas, mediante el recurso a técnicas que implican a una persona extraña a la pareja conyugal, lesionan el derecho del hijo a nacer de un padre y de una madre conocidos por él, ligados entre sí por matrimonio y poseedores exclusivos del derecho a llegar a ser padre y madre solamente el uno a través del otro. 2373-2377

500. ¿Cómo ha de ser considerado un hijo?

El hijo es un *don de Dios*, el don más grande dentro del matrimonio. No existe el derecho a tener hijos («un hijo pretendido, a toda costa»). Sí existe, en cambio, el derecho del hijo a ser fruto del acto conyugal de sus padres, y también el derecho a ser respetado como persona desde el momento de su concepción. 2378

501. ¿Qué pueden hacer los esposos cuando no tienen hijos?

Cuando el don del hijo no les es concedido, los esposos, después de haber agotado todos los legítimos recursos de la medicina, pueden mostrar su generosidad mediante la tutela o la adopción, o bien realizando servicios significativos en beneficio del prójimo. Así ejercen una preciosa fecundidad espiritual. 2379

502. ¿Cuáles son las ofensas a la dignidad del matrimonio?

2380-2391 Las ofensas a la dignidad del matrimonio son las siguientes: el adul-
2400 terio, el divorcio, la poligamia, el incesto, la unión libre (convivencia, concubinato) y el acto sexual antes o fuera del matrimonio.

Séptimo Mandamiento: No robarás

503. ¿Qué declara el séptimo mandamiento?

2401-2402 El séptimo mandamiento declara el destino y distribución universal de los bienes; el derecho a la propiedad privada; el respeto a las personas, a sus bienes y a la integridad de la creación. La Iglesia encuentra también en este mandamiento el fundamento de su doctrina social, que comprende la recta gestión en la actividad económica y en la vida social y política; el derecho y el deber del trabajo humano; la justicia y la solidaridad entre las naciones y el amor a los pobres.

504. ¿Qué condiciones se requieren para el derecho a la propiedad privada?

2403 Existe el derecho a la propiedad privada cuando se ha adquirido o recibido de modo justo, y prevalezca el destino universal de los bienes, para satisfacer las necesidades fundamentales de todos los hombres.

505. ¿Cuál es la finalidad de la propiedad privada?

2404-2406 La finalidad de la propiedad privada es garantizar la libertad y la dignidad de cada persona, ayudándole a satisfacer las necesidades fundamentales propias, las de aquellos sobre los que tiene responsabilidad, y también las de otros que viven en necesidad.

506. ¿Qué otras cosas prescribe el séptimo mandamiento?

2407-2415 El séptimo mandamiento prescribe el respeto a los bienes ajenos
2450-2451 mediante la práctica de la justicia y de la caridad, de la templanza y de la solidaridad. En particular, exige el *respeto a las promesas y a los contratos estipulados*; la *reparación de la injusticia cometida* y la restitución del bien robado; el respeto a *la integridad de la creación*, mediante el uso prudente y moderado de los recursos minerales, vegetales

y animales del universo, con singular atención a las especies amenazadas de extinción.

507. ¿Cuál debe ser el comportamiento del hombre para con los animales?

El hombre debe tratar a los animales, criaturas de Dios, con benevo- 2416-2418
lencia, evitando tanto el desmedido amor hacia ellos, como su uti- 2457
lización indiscriminada, sobre todo en experimentos científicos, efectuados al margen de los límites razonables y con inútiles sufrimientos para los animales mismos.

508. ¿Qué prohíbe el séptimo mandamiento?

El séptimo mandamiento prohíbe ante todo el robo, que es la usur- 2408-2413
pación del bien ajeno contra la razonable voluntad de su dueño. Esto 2453-2455
sucede también cuando se pagan salarios injustos, cuando se especula haciendo variar artificialmente el valor de los bienes para obtener beneficio en detrimento ajeno y cuando se falsifican cheques y facturas. Prohíbe además cometer fraudes fiscales o comerciales y ocasionar voluntariamente un daño a las propiedades privadas o públicas. Prohíbe igualmente la usura, la corrupción, el abuso privado de bienes sociales, los trabajos culpablemente mal realizados y el despilfarro.

509. ¿Cuál es el contenido de la doctrina social de la Iglesia?

La doctrina social de la Iglesia, como desarrollo orgánico de la verdad 2419-2423
del Evangelio acerca de la dignidad de la persona humana y sus dimensiones sociales, contiene principios de reflexión, formula criterios de juicio y ofrece normas y orientaciones para la acción

510. ¿Cuándo interviene la Iglesia en materia social?

La Iglesia interviene emitiendo un juicio moral en materia económica 2420
y social, cuando lo exigen los derechos fundamentales de la persona, 2458
el bien común o la salvación de las almas.

511. ¿Cómo ha de ejercerse la vida social y económica?

La vida social y económica ha de ejercerse según los propios méto- 2459
dos, en el ámbito del orden moral, al servicio del hombre en su

integridad y de toda la comunidad humana, en el respeto a la justicia social. La vida social y económica debe tener al hombre como autor, centro y fin.

512. ¿Qué se opone a la doctrina social de la Iglesia?

2424-2425 Se oponen a la doctrina social de la Iglesia los sistemas económicos y sociales que sacrifican los derechos fundamentales de las personas, o que hacen del lucro su regla exclusiva y fin último. Por eso la Iglesia rechaza las ideologías asociadas, en los tiempos modernos, al «comunismo» u otras formas ateas y totalitarias de «socialismo». Rechaza también, en la práctica del «capitalismo», el individualismo y la primacía absoluta de las leyes del mercado sobre el trabajo humano.

513. ¿Qué significado tiene el trabajo para el hombre?

2426-2428 Para el hombre, el trabajo es un deber y un derecho, mediante el cual
2460-2461 colabora con Dios Creador. En efecto, trabajando con empeño y competencia, la persona actualiza las capacidades inscritas en su naturaleza, exalta los dones del Creador y los talentos recibidos; procura su sustento y el de su familia y sirve a la comunidad humana. Por otra parte, con la gracia de Dios, el trabajo puede ser un medio de santificación y de colaboración con Cristo para la salvación de los demás.

514. ¿A qué tipo de trabajo tiene derecho toda persona?

2429 El acceso a un trabajo seguro y honesto debe estar abierto a todos, sin
2433-2434 discriminación injusta, dentro del respeto a la libre iniciativa económica y a una equitativa distribución.

515. ¿Cuál es la responsabilidad del Estado con respecto al trabajo?

2431 Compete al Estado procurar la seguridad sobre las garantías de las libertades individuales y de la propiedad, además de un sistema monetario estable y de unos servicios públicos eficientes; y vigilar y encauzar el ejercicio de los derechos humanos en el sector económico. Teniendo en cuenta las circunstancias, la sociedad debe ayudar a los ciudadanos a encontrar trabajo.

516. ¿Qué compete a los dirigentes de empresa?

Los dirigentes de las empresas tienen la responsabilidad económica 2432
y ecológica de sus operaciones. Están obligados a considerar el bien de las personas y no solamente el aumento de las ganancias, aunque éstas son necesarias para asegurar las inversiones, el futuro de las empresas, los puestos de trabajo y el buen funcionamiento de la vida económica.

517. ¿Qué deberes tienen los trabajadores?

Los trabajadores deben cumplir con su trabajo en conciencia, con com- 2435
petencia y dedicación, tratando de resolver los eventuales conflictos mediante el diálogo. El recurso a la huelga no violenta es moralmente legítimo cuando se presenta como el instrumento necesario, en vistas a unas mejoras proporcionadas y teniendo en cuenta el bien común.

518. ¿Cómo se realiza la justicia y la solidaridad entre las naciones?

En el plano internacional, todas las naciones e instituciones deben 2437-2441
obrar con solidaridad y subsidiaridad, a fin de eliminar, o al menos reducir, la miseria, la desigualdad de los recursos y de los medios económicos, las injusticias económicas y sociales, la explotación de las personas, la acumulación de las deudas de los países pobres y los mecanismos perversos que obstaculizan el desarrollo de los países menos desarrollados.

519. ¿De qué modo participan los cristianos en la vida política y social?

Los fieles cristianos laicos intervienen directamente en la vida política 2442
y social, animando con espíritu cristiano las realidades temporales, y colaborando con todos como auténticos testigos del Evangelio y constructores de la paz y de la justicia.

520. ¿En qué se inspira el amor a los pobres?

El amor a los pobres se inspira en el Evangelio de las bienaventuran- 2443-2449
zas y en el ejemplo de Jesús en su constante atención a los pobres. Jesús 2462-2463
dijo: «Cuanto hicisteis a uno de estos hermanos míos más pequeños, a mí me lo hicisteis» (*Mt* 25, 40). El amor a los pobres se realiza mediante

la lucha contra la pobreza material, y también contra las numerosas formas de pobreza cultural, moral y religiosa. Las obras de misericordia espirituales y corporales, así como las numerosas instituciones benéficas a lo largo de los siglos, son un testimonio concreto del amor preferencial por los pobres que caracteriza a los discípulos de Jesús.

Octavo Mandamiento: No darás falso testimonio ni mentirás

521. ¿Qué deberes tiene el hombre hacia la verdad?

2462-2470 Toda persona está llamada a la sinceridad y a la veracidad en el hacer
2504 y en el hablar. Cada uno tiene el deber de buscar la verdad y adherirse a ella, ordenando la propia vida según las exigencias de la verdad. En Jesucristo, la verdad de Dios se ha manifestado íntegramente: Él *es la Verdad*. Quien le sigue vive en el Espíritu de la verdad, y rechaza la doblez, la simulación y la hipocresía.

522. ¿Cómo se da testimonio de la verdad?

2471-2474 El cristiano debe dar testimonio de la verdad evangélica en todos los
2505-2506 campos de su actividad pública y privada; incluso con el sacrificio, si es necesario, de la propia vida. El martirio es el testimonio supremo de la verdad de la fe.

523.¿Qué prohíbe el octavo mandamiento?

2475-2487 El octavo mandamiento prohíbe:

2507-2509 el *falso testimonio*, el *perjurio* y la *mentira*, cuya gravedad se mide según la naturaleza de la verdad que deforma, de las circunstancias, de las intenciones del mentiroso y de los daños ocasionados a las víctimas;

el *juicio temerario*, la *maledicencia*, la *difamación* y la *calumnia*, que perjudican o destruyen la buena reputación y el honor, a los que tiene derecho toda persona;

el *halago*, la *adulación* o la *complacencia*, sobre todo si están orientados a pecar gravemente o para lograr ventajas ilícitas;

Una culpa cometida contra la verdad debe ser reparada, si ha causado daño a otro.

524. ¿Qué exige el octavo mandamiento?

El octavo mandamiento exige el respeto a la verdad, acompañado de 2488-2492
la discreción de la caridad: en la *comunicación* y en la *información*, que 2510-2511
deben valorar el bien personal y común, la defensa de la vida privada y el peligro del escándalo; en la reserva de los *secretos profesionales*, que han de ser siempre guardados, salvo en casos excepcionales y por motivos graves y proporcionados. También se requiere el respeto a las *confidencias* hechas bajo la exigencia de secreto.

525. ¿Cuál debe ser el uso de los medios de comunicación social?

La información a través de los medios de comunicación social debe 2493-2499
estar al servicio del bien común, y debe ser siempre veraz en su 2512
contenido e íntegra, salvando la justicia y la caridad. Debe también expresarse de manera honesta y conveniente, respetando escrupulosamente las leyes morales, los legítimos derechos y la dignidad de las personas.

526. ¿Qué relación existe entre la verdad, la belleza y el arte sacro?

La verdad es bella por sí misma. Supone el esplendor de la belleza 2500-2503
espiritual. Existen, más allá de la palabra, numerosas formas de 2513
expresión de la verdad, en particular en las obras de arte. Son fruto de un talento donado por Dios y del esfuerzo del hombre. El *arte sacro*, para ser bello y verdadero, debe evocar y glorificar el Misterio del Dios manifestado en Cristo, y llevar a la adoración y al amor de Dios Creador y Salvador, excelsa Belleza de Verdad y Amor.

Noveno Mandamiento: No consentirás pensamientos ni deseos impuros

527. ¿Qué exige el noveno mandamiento?

El noveno mandamiento exige vencer la concupiscencia carnal en 2514-2516
los pensamientos y en los deseos. La lucha contra esta concupiscen- 2528-2530
cia supone la purificación del corazón y la práctica de la virtud de la templanza.

528. ¿Qué prohíbe el noveno mandamiento?

2517-2519 El noveno mandamiento prohíbe consentir pensamientos y deseos
2531-2532 relativos a acciones prohibidas por el sexto mandamiento.

529. ¿Cómo se llega a la pureza del corazón?

2520 El bautizado, con la gracia de Dios y luchando contra los deseos desordenados, alcanza la pureza del corazón mediante la virtud y el don de la castidad, la pureza de intención, la pureza de la mirada exterior e interior, la disciplina de los sentimientos y de la imaginación, y con la oración.

530.¿Qué otras cosas exige la pureza?

2521-2527 La pureza exige el *pudor,* que, preservando la intimidad de la persona,
2533 expresa la delicadeza de la castidad y regula las miradas y gestos, en conformidad con la dignidad de las personas y con la relación que existe entre ellas. El pudor libera del difundido erotismo y mantiene alejado de cuanto favorece la curiosidad morbosa. Requiere también una *purificación del ambiente social,* mediante la lucha constante contra la permisividad de las costumbres, basada en un erróneo concepto de la libertad humana.

Décimo Mandamiento: No codiciarás los bienes ajenos

531. ¿Qué manda y qué prohíbe el décimo mandamiento?

2534-2540 Este mandamiento, que complementa al precedente, exige una acti-
2551-2554 tud interior de respeto en relación con la propiedad ajena, y prohíbe la *avaricia,* el *deseo desordenado* de los bienes de otros y la *envidia,* que consiste en la tristeza experimentada ante los bienes del prójimo y en el deseo desordenado de apropiarse de los mismos.

532. ¿Qué exige Jesús con la pobreza del corazón?

2544-2547 Jesús exige a sus discípulos que le antepongan a Él respecto a todo y
2556 a todos. El desprendimiento de las riquezas –según el espíritu de la pobreza evangélica– y el abandono a la providencia de Dios, que nos libera de la preocupación por el mañana, nos preparan para la bien-

aventuranza de «los pobres de espíritu, porque de ellos es el Reino de los Cielos» (*Mt* 5, 3).

533. ¿Cuál es el mayor deseo del hombre?

El mayor deseo del hombre es ver a Dios. Éste es el grito de todo su 2548-2550
ser: «¡Quiero ver a Dios!». El hombre, en efecto, realiza su verdadera 2557
y plena felicidad en la visión y en la bienaventuranza de Aquel que lo ha creado por amor, y lo atrae hacia sí en su infinito amor.

> *«Él que ve a Dios obtiene todos los bienes que se pueden concebir»* (San Gregorio de Nisa).

El icono presenta el relato bíblico de Pentecostés:

«Llegado el día de Pentecostés estaban todos reunidos en un mismo lugar. De repente vino del cielo un ruido como el de una ráfaga de viento impetuoso, que llenó toda la casa en la que se encontraban. Se les aparecieron unas lenguas como de fuego que dividiéndose se posaron sobre cada uno de ellos; quedaron todos llenos del Espíritu Santo y se pusieron a hablar en otras lenguas, según el Espíritu les concedía expresarse» (*Hch* 2, 1-4).

En la imagen, de la paloma, símbolo del Espíritu Santo, sale un cono de intensa luz que envuelve a María y a los Apóstoles. Es la luz que ilumina la mente de los apóstoles, comunicándoles los dones de ciencia, sabiduría e entendimiento de las realidades divinas, pero también los dones de piedad, fortaleza, consejo y temor de Dios.

Sobre sus cabezas se posan, además, lenguas de fuego, para indicar la plenitud de la caridad divina que les empujará a ser anunciadores del Evangelio a todos los pueblos. La abundancia de la gracia, en efecto, hará posible que los apóstoles sean entendidos por todos, pues la lengua de la caridad es universal y a todos accesible.

A la división de lenguas entre los pueblos, Pentecostés contrapone el remedio de la unidad de las Gentes.

En el centro del icono predomina María, madre de la Iglesia, reina de los apóstoles y orante perfecta. Los fieles pueden elevar a Dios su oración filial en la caridad del Espíritu Santo, según las palabras del apóstol Pablo:

«La prueba de que sois hijos es que Dios ha enviado a nuestros corazones el Espíritu de su Hijo que clama: ¡Abbá, Padre!» (*Ga* 4, 6).

Icono copto, Pentecostés. (Usado con permiso de la Coptic Network, *www.coptic.net*.)

CUARTA PARTE

LA ORACIÓN CRISTIANA

PRIMERA SECCIÓN

LA ORACIÓN EN LA VIDA CRISTIANA

Todos los momentos son propicios para la oración. Sin embargo, la Iglesia propone a los fieles ciertos tiempos destinados a alimentar la oración continua: la oración de la mañana y de la tarde, antes y después de la comida, la Liturgia de las Horas, la Eucaristía dominical, el Santo Rosario, las Fiestas del año litúrgico.

El icono muestra algunas de las principales fiestas del año litúrgico, que marcan la oración de la Iglesia. En el centro domina la representación del misterio pascual: la resurrección del Jesús y su ascensión al cielo. Es esta solemnidad, culmen de la oración litúrgica, la que da significado y eficacia salvífica a todas las demás fiestas, tantos las de Jesús, como las de María.

Icono de las principales fiestas litúrgicas.

534. ¿Qué es la oración?

La oración es la elevación del alma a Dios o la petición a Éste de bienes 2558-2565
conformes a su voluntad. La oración es siempre un don de Dios que 2590
sale al encuentro del hombre. La oración cristiana es relación personal y viva de los hijos de Dios con su Padre infinitamente bueno, con su Hijo Jesucristo y con el Espíritu Santo, que habita en sus corazones.

CAPÍTULO PRIMERO
La Revelación de la oración

535. ¿Por qué existe una vocación universal a la oración?

Existe una vocación universal a la oración, porque Dios, por medio 2566-2567
de la creación, llama a todo ser desde la nada; e incluso después de la 2591
caída, el hombre sigue siendo capaz de reconocer a su Creador, conservando el deseo de Aquel que le ha llamado a la existencia. Todas las religiones y, de modo particular, toda la historia de la salvación, dan testimonio de este deseo de Dios por parte del hombre; pero es Dios quien primero e incesantemente atrae a todos al encuentro misterioso de la oración.

La Revelación de la oración en el Antiguo Testamento

536. ¿En qué sentido Abraham es un modelo de oración?

Abraham es un modelo de oración porque camina en la presencia de 2570-2573
Dios, le escucha y obedece. Su oración es un combate de la fe porque, 2592
aún en los momentos de prueba, él continúa creyendo que Dios es fiel. Aún más, después de recibir en su propia tienda la visita del Señor que le confía sus designios, Abraham se atreve a interceder con audaz confianza por los pecadores.

537. ¿Cómo oraba Moisés?

La oración de Moisés es modelo de la oración contemplativa: Dios, 2574-2577
que llama a Moisés desde la zarza ardiente, conversa frecuente y lar- 2593
gamente con él «cara a cara, como habla un hombre con su amigo»

(*Ex* 33, 11). De esta intimidad con Dios, Moisés saca la fuerza para interceder con tenacidad a favor del pueblo; su oración prefigura así la intercesión del único mediador, Cristo Jesús.

538. ¿Qué relaciones tienen en el Antiguo Testamento el templo y el rey con la oración?

2578-2580 A la sombra de la morada de Dios –el Arca de la Alianza y más tarde
2594 el Templo– se desarrolla la oración del Pueblo de Dios bajo la guía de sus pastores. Entre ellos, David es el rey «según el corazón de Dios» (cf *Hch* 13, 22), el pastor que ora por su pueblo. Su oración es un modelo para la oración del pueblo, puesto que es adhesión a la promesa divina, y confianza plena de amor, en Aquél que es el solo Rey y Señor.

539. ¿Qué papel desempeña la oración en la misión de los profetas?

2581-2584 Los profetas sacan de la oración luz y fuerza para exhortar al pueblo a la fe y a la conversión del corazón: entran en una gran intimidad con Dios e interceden por los hermanos, a quienes anuncian cuanto han visto y oído del Señor. Elías es el padre de los profetas, de aquellos que buscan el Rostro de Dios. En el monte Carmelo, obtiene el retorno del pueblo a la fe gracias a la intervención de Dios, al que Elías suplicó así: «¡Respóndeme, Señor, respóndeme!» (*1 R* 18, 37).

540. ¿Cuál es la importancia de los Salmos en la oración?

2579 Los Salmos son el vértice de la oración en el Antiguo Testamento:
2585-2589 la Palabra de Dios se convierte en oración del hombre. Indisociable-
2596-2597 mente individual y comunitaria, esta oración, inspirada por el Espíritu Santo, canta las maravillas de Dios en la creación y en la historia de la salvación. Cristo ha orado con los Salmos y los ha llevado a su cumplimiento. Por esto, siguen siendo un elemento esencial y permanente de la oración de la Iglesia, que se adaptan a los hombres de toda condición y tiempo.

La oración es plenamente revelada y realizada en Jesús

541. ¿De quién aprendió Jesús a orar?

Conforme a su corazón de hombre, Jesús aprendió a orar de su madre 2599
y de la tradición judía. Pero su oración brota de una fuente más 2620
secreta, puesto que es el Hijo de Dios que, en su humanidad santa, dirige a su Padre la oración filial perfecta.

542. ¿Cuándo oraba Jesús?

El Evangelio muestra frecuentemente a Jesús en oración. Lo vemos 2600-2604
retirarse en soledad, con preferencia durante la noche; ora antes de 2620
los momentos decisivos de su misión o de la misión de sus apóstoles. De hecho toda la vida de Jesús es oración, pues está en constante comunión de amor con el Padre.

543. ¿Cómo oró Jesús en su pasión?

La oración de Jesús durante su agonía en el huerto de Getsemaní y 2605-2606
sus últimas palabras en la cruz revelan la profundidad de su oración 2620
filial: Jesús lleva a cumplimiento el designio amoroso del Padre, y toma sobre sí todas las angustias de la humanidad, todas las súplicas e intercesiones de la historia de la salvación; las presenta al Padre, quien las acoge y escucha, más allá de toda esperanza, resucitándolo de entre los muertos.

544. ¿Cómo nos enseña Jesús a orar?

Jesús nos enseña a orar no sólo con la oración del *Padre nuestro*, sino 2607-2614
también cuando Él mismo ora. Así, además del contenido, nos enseña 2621
las disposiciones requeridas por una verdadera oración: la pureza del corazón, que busca el Reino y perdona a los enemigos; la confianza audaz y filial, que va más allá de lo que sentimos y comprendemos; la vigilancia, que protege al discípulo de la tentación.

545. ¿Por qué es eficaz nuestra oración?

Nuestra oración es eficaz porque está unida mediante la fe a la oración 2615-2616
de Jesús. En Él la oración cristiana se convierte en comunión de amor

con el Padre; podemos presentar nuestras peticiones a Dios y ser escuchados: «Pedid y recibiréis, para que vuestro gozo sea colmado» (*Jn* 16, 24).

546. ¿Cómo oraba la Virgen María?

2617,2622 La oración de María se caracteriza por su fe y por la ofrenda generosa
2618,2674 de todo su ser a Dios. La Madre de Jesús es también la Nueva Eva, la
2679 «Madre de los vivientes» (cf *Gn* 3, 20): Ella ruega a Jesús, su Hijo, por las necesidades de los hombres.

547. ¿Existe en el Evangelio una oración de María?

2619 Además de la intercesión de María en Caná de Galilea, el Evangelio nos entrega el *Magnificat* (*Lc* 1, 46-55), que es el cántico de la Madre de Dios y el de la Iglesia, la acción de gracias gozosa, que sube desde el corazón de los pobres porque su esperanza se realiza en el cumplimiento de las promesas divinas.

La oración en el tiempo de la Iglesia

548. ¿Cómo oraba la primera comunidad cristiana de Jerusalén?

2623-2624 Al comienzo del libro de los Hechos de los Apóstoles, se narra que en la primera comunidad de Jerusalén, educada por el Espíritu Santo en la vida de oración, los creyentes «acudían asiduamente a las enseñanzas de los apóstoles, a la comunión, a la fracción del pan y a las oraciones» (*Hch* 2, 42).

549. ¿Cómo interviene el Espíritu Santo en la oración de la Iglesia?

2623; 2625 El Espíritu Santo, Maestro interior de la oración cristiana, educa a la Iglesia en la vida de oración, y le hace entrar cada vez con mayor profundidad en la contemplación y en la unión con el insondable misterio de Cristo. Las formas de oración, tal como las revelan los escritos apostólicos y canónicos, siguen siendo normativas para la oración cristiana.

550. ¿Cuáles son las formas esenciales de oración cristiana?

Las formas esenciales de oración cristiana son la bendición y la adoración, la oración de petición y de intercesión, la acción de gracias y la alabanza. La Eucaristía contiene y expresa todas las formas de oración. 2643,2644

551. ¿Qué es la bendición?

La bendición es la respuesta agradecida del hombre a los dones de 2626-2627
Dios: nosotros bendecimos al Todopoderoso, quien primeramente 2645
nos bendice y colma con sus dones.

552. ¿Cómo se puede definir la adoración?

La adoración es la prosternación del hombre, que se reconoce criatura ante su Creador tres veces santo. 2628

553. ¿Cuáles son las diversas formas de la oración de petición?

La oración de petición puede adoptar diversas formas: petición de 2629-2633
perdón o también súplica humilde y confiada por todas nuestras 2646
necesidades espirituales y materiales; pero la primera realidad que debemos desear es la llegada del Reino de Dios.

554. ¿En qué consiste la intercesión?

La intercesión consiste en pedir en favor de otro. Esta oración nos 2634-2636
une y conforma con la oración de Jesús, que intercede ante el Padre 2647
por todos los hombres, en particular por los pecadores. La intercesión debe extenderse también a los enemigos.

555. ¿Cuándo se da gracias a Dios?

La Iglesia da gracias a Dios incesantemente, sobre todo cuando cele- 2637-2638
bra la Eucaristía, en la cual Cristo hace partícipe a la Iglesia de su 2648
acción de gracias al Padre. Todo acontecimiento se convierte para el cristiano en motivo de acción de gracias.

556 .¿Qué es la oración de alabanza?

2639-2643 La alabanza es la forma de oración que, de manera más directa, reco-
2649 noce que Dios es Dios; es totalmente desinteresada: canta a Dios por sí mismo y le da gloria por lo que Él es.

CAPÍTULO SEGUNDO
La Tradición de la oración

557. ¿Cuál es la importancia de la Tradición respecto a la oración?

2650-2651 A través de la Tradición viva, es como en la Iglesia el Espíritu Santo enseña a orar a los hijos de Dios. En efecto, la oración no se reduce a la manifestación espontánea de un impulso interior, sino que implica contemplación, estudio y comprensión de las realidades espirituales que se experimentan.

Fuentes de la oración

558. ¿Cuáles son las fuentes de la oración cristiana?

2652-2662 Las fuentes de la oración cristiana son: la *Palabra de Dios,* que nos
2658 transmite «la ciencia suprema de Cristo» (*Flp* 3, 8); la *Liturgia de la Iglesia,* que anuncia, actualiza y comunica el misterio de la salvación; las *virtudes teologales;* las *situaciones cotidianas,* porque en ellas podemos encontrar a Dios.

> «*Te amo, Señor, y la única gracia que te pido es amarte eternamente. Dios mío, si mi lengua no puede decir en todos los momentos que te amo, quiero que mi corazón te lo repita cada vez que respiro*» (San Juan María Vianney).

El camino de la oración

559. ¿Hay en la Iglesia diversos caminos de oración?

En la Iglesia hay diversos caminos de oración, según los diversos contextos históricos, sociales y culturales. Corresponde al Magisterio discernir la fidelidad de estos caminos a la tradición de la fe apostólica, y compete a los pastores y catequistas explicar su sentido, que se refiere siempre a Jesucristo. 2663

560. ¿Cuál es el camino de nuestra oración?

El camino de nuestra oración es Cristo, porque ésta se dirige a Dios 2664
nuestro Padre pero llega a Él sólo si, al menos implícitamente, oramos 2680-2681
en el Nombre de Jesús. Su humanidad es, pues, la única vía por la que el Espíritu Santo nos enseña a orar a Dios nuestro Padre. Por esto las oraciones litúrgicas concluyen con la fórmula: «Por Jesucristo nuestro Señor».

561. ¿Cuál es el papel del Espíritu Santo en la oración?

Puesto que el Espíritu Santo es el Maestro interior de la oración cris- 2670-2672
tiana y «nosotros no sabemos pedir como conviene» (*Rm* 8, 26), la 2680-2681
Iglesia nos exhorta a invocarlo e implorarlo en toda ocasión: «¡Ven, Espíritu Santo!».

562. ¿En qué sentido es mariana la oración cristiana?

En virtud de la singular cooperación de María con la acción del 2673-2679
Espíritu Santo, la Iglesia ama rezar a María y orar con María, la orante 2682
perfecta, para alabar e invocar con Ella al Señor. Pues María, en efecto, nos «muestra el camino» que es su Hijo, el único Mediador.

563. ¿Cómo reza la Iglesia a María?

La Iglesia reza a María, ante todo, con el *Ave María*, oración con la que 2676-2678
la Iglesia pide la intercesión de la Virgen. Otras oraciones marianas 2682
son el *Rosario*, el himno *Acáthistos*, la *Paraclisis*, los himnos y cánticos de las diversas tradiciones cristianas.

Maestros de oración

564 ¿De qué modo los santos son maestros de la oración?

2683-2684 Los santos son para los cristianos modelos de oración, y a ellos les
2692-2693 pedimos también que intercedan, ante la Santísima Trinidad, por nosotros y por el mundo entero; su intercesión es el más alto servicio que prestan al designio de Dios. En la comunión de los santos, a lo largo de la historia de la Iglesia, se han desarrollado diversos tipos de *espiritualidad*, que enseñan a vivir y a practicar la oración.

565. ¿Quién puede enseñar a rezar?

2685-2690 La familia cristiana constituye el primer ámbito de educación a la
2694-2695 oración. Hay que recomendar de manera particular la oración cotidiana en familia, pues es el primer testimonio de vida de oración de la Iglesia. La catequesis, los grupos de oración, la «dirección espiritual» son una escuela y una ayuda para la oración.

566. ¿Cuáles son los lugares favorables para la oración?

2691 Se puede orar en cualquier sitio, pero elegir bien el lugar tiene impor-
2696 tancia para la oración. El templo es el lugar propio de la oración litúrgica y de la adoración eucarística; también otros lugares ayudan a orar, como «un rincón de oración» en la casa familiar, un monasterio, un santuario.

CAPÍTULO TERCERO
La vida de oración

567. ¿Qué momentos son los más indicados para la oración?

2697-2698 Todos los momentos son indicados para la oración, pero la Iglesia pro-
2720 pone a los fieles ritmos destinados a alimentar la oración continua: oración de la mañana y del atardecer, antes y después de las comidas, la Liturgia de la Horas, la Eucaristía dominical, el Santo Rosario, las fiestas del año litúrgico.

«Es necesario acordarse de Dios más a menudo que de respirar» (San Gregorio Nacianceno).

568. ¿Cuáles son las expresiones de la vida de oración?

La tradición cristiana ha conservado tres modos principales de expresar y vivir la oración: la oración vocal, la meditación y la oración contemplativa. Su rasgo común es el recogimiento del corazón. 2697-2699

Las expresiones de la oración

569. ¿En qué se caracteriza la oración vocal?

La oración vocal asocia el cuerpo a la oración interior del corazón; 2700-2704
incluso quien practica la más interior de las oraciones no podría prescindir del todo en su vida cristiana de la oración vocal. En cualquier caso, ésta debe brotar siempre de una fe personal. Con el *Padre nuestro*, Jesús nos ha enseñado una fórmula perfecta de oración vocal. 2722

570. ¿Qué es la meditación?

La meditación es una reflexión orante, que parte sobre todo de la 2705-2708
Palabra de Dios en la Biblia; hace intervenir a la inteligencia, la imaginación, la emoción, el deseo, para profundizar nuestra fe, convertir el corazón y fortalecer la voluntad de seguir a Cristo; es una etapa preliminar hacia la unión de amor con el Señor. 2723

571. ¿Qué es la oración contemplativa?

La oración contemplativa es una mirada sencilla a Dios en el silencio 2709-2719
y el amor. Es un don de Dios, un momento de fe pura, durante el cual 2724
el que ora busca a Cristo, se entrega a la voluntad amorosa del Padre 2739-2741
y recoge su ser bajo la acción del Espíritu. Santa Teresa de Jesús la define como una íntima relación de amistad: «estando muchas veces tratando a solas con quien sabemos que nos ama».

El combate de la oración

572. ¿Por qué la oración es un combate?

2725 La oración es un don de la gracia, pero presupone siempre una respuesta decidida por nuestra parte, pues el que ora combate contra sí mismo, contra el ambiente y, sobre todo, contra el Tentador, que hace todo lo posible para apartarlo de la oración. El combate de la oración es inseparable del progreso en la vida espiritual: se ora como se vive, porque se vive como se ora.

573 .¿Cuáles son las objeciones a la oración?

2726-2728 Además de los conceptos erróneos sobre la oración, muchos piensan
2752-2753 que no tienen tiempo para orar o que es inútil orar. Quienes oran pueden desalentarse frente a las dificultades o los aparentes fracasos. Para vencer estos obstáculos son necesarias la humildad, la confianza y la perseverancia.

574. ¿Cuáles son las dificultades para la oración?

2729-2733 La dificultad habitual para la oración es la *distracción*, que separa de la
2754-2755 atención a Dios, y puede incluso descubrir aquello a lo que realmente estamos apegados. Nuestro corazón debe entonces volverse a Dios con humildad. A menudo la oración se ve dificultada por la *sequedad*, cuya superación permite adherirse en la fe al Señor incluso sin consuelo sensible. La *acedía* es una forma de pereza espiritual, debida al relajamiento de la vigilancia y al descuido de la custodia del corazón.

575. ¿Cómo fortalecer nuestra confianza filial?

2734-2741 La confianza filial se pone a prueba cuando pensamos que no
2756 somos escuchados. Debemos preguntarnos, entonces, si Dios es para nosotros un Padre cuya voluntad deseamos cumplir, o más bien un simple medio para obtener lo que queremos. Si nuestra oración se une a la de Jesús, sabemos que Él nos concede mucho más que este o aquel don, pues recibimos al Espíritu Santo, que transforma nuestro corazón.

576. ¿Es posible orar en todo momento?

Orar es siempre posible, pues el tiempo del cristiano es el tiempo de 2742-2745
Cristo resucitado, que está con nosotros «todos los días» (*Mt* 28, 20). 2757
Oración y vida cristiana son, por ello, inseparables.

> *«Es posible, incluso en el mercado o en un paseo solitario, hacer una frecuente y fervorosa oración. Sentados en vuestra tienda, comprando o vendiendo, o incluso haciendo la cocina»* **(San Juan Crisóstomo).**

577. ¿Cuál es la oración de la *Hora* de Jesús?

Se llama la oración de la «Hora de Jesús» a la oración sacerdotal de 2604
Éste en la Última Cena. Jesús, Sumo Sacerdote de la Nueva Alianza, 2746-2751
dirige su oración al Padre cuando llega la *Hora* de su «paso» a Dios, la 2758
Hora de su sacrificio.

SEGUNDA SECCIÓN

LA ORACIÓN DEL SEÑOR: PADRE NUESTRO

Padre Nuestro
Padre nuestro, que estás en el cielo,
santificado sea tu Nombre;
venga a nosotros tu reino;
hágase tu voluntad
en la tierra como en el cielo.
Danos hoy nuestro pan de cada día;
perdona nuestras ofensas,
como también nosotros perdonamos
a los que nos ofenden;
no nos dejes caer en la tentación,
y líbranos del mal.
Amén.

Pater Noster
Pater noster, qui es in caelis:
sanctificetur Nomen Tuum;
adveniat Regnum Tuum;
Fiat voluntas Tua,
sicut in caelo et in terra.
Panem nostrum quotidianum da
nobis hodie;
et dimitte nobis debita nostra,
sicut et nos dimittimus debitoribus
nostris;
et ne nos inducas in tentationem;
sed libera nos a malo.
Amen.

«Y sucedió que, estando Él orando en cierto lugar, cuando terminó, le dijo uno de sus discípulos: "Señor, enséñanos a orar"» (*Lc* 11, 1). Jesús respondió enseñando el Padre nuestro.

Los discípulos, buenos conocedores de la oración judía de su tiempo, se sorprendieron grandemente por la singularidad de la oración de su maestro. Jesús, en efecto, permanecía constantemente en oración (cf *Lc* 5, 16). Los momentos más importantes de su vida están acompañados por la oración: Jesús ora cuando es bautizado en el Jordán (*Lc* 3, 21); antes de llamar a sus apóstoles (*Lc* 6, 12); antes de la transfiguración (*Lc* 9, 28). Reza por la fe de Pedro (*Lc* 22, 31-32), y por el envío del Espíritu Santo (*Jn* 14, 15-17). Reza antes de la resurrección de Lázaro (*Jn* 11, 41), y cuando entra triunfalmente en Jerusalén (*Jn* 12, 27). Ora al Padre en la última Cena por su propia glorificación (*Jn* 17, 1-5); por los discípulos (*Jn* 17, 6-19), y por todos los que creen (*Jn* 17, 20-26). Ora antes de su pasión (*Lc* 22, 39-46), y por sus enemigos al llegar la hora de su muerte (*Lc* 23, 34).

La oración de Jesús se dirige al Padre en un diálogo de obediencia, que vivifica su misión: «Mi alimento es hacer la voluntad del que me ha enviado, y llevar a cabo su obra» (*Jn* 4, 34). Esta íntima comunión con el Padre es manantial de alegría y alabanza: «Yo te bendigo, Padre, Señor del cielo y de la tierra... todo me ha sido entregado por mi Padre, y nadie conoce bien al Hijo sino el Padre, ni al Padre le conoce bien nadie sino el Hijo, y aquél a quien el Hijo se lo quiera revelar» (*Mt* 11, 25-27).

La oración al Padre era el aliento de su existencia terrena. Aunque vino a morar entre nosotros, Jesús nunca se alejó de la casa del Padre y de la comunión con Él en la oración. Sin embargo, por otra parte, esta intimidad filial se convirtió en cercanía salvadora y misericordiosa hacia los hermanos, hasta llegar al supremo sacrificio de la cruz.

La oración de Jesús continúa aun hoy (cf *Hb* 7, 25). En la liturgia eucarística, Cristo, sumo sacerdote, ofrece al Padre su sacrificio redentor. Lo ofrece en comunión con su cuerpo, que es la Iglesia. Toda nuestra oración se debe al Padre «por Jesucristo Nuestro Señor». Esta oración de Cristo es la que sostiene todas nuestras oraciones, las que brotan de nuestro corazón y las que musitan nuestros labios.

Cuando la Iglesia ora, es el Hijo que levanta lo brazos implorantes al Padre. La oración de los hijos sube al Padre gracias a la voz del Primogénito. Los brazos que se alzan en la invocación, en la alabanza y en la súplica son millones; pero la voz es única, la voz del Hijo.

El cuadro representa a Jesús que ora en Getsemaní. Jesús, en acto de obediencia suprema al Padre para la salvación de la humanidad, va a tomar en sus manos el cáliz amargo de la Pasión, que sostiene el ángel.

El Greco, *La oración de Jesús en el huerto,* Museo de Arte, Toledo (Ohio). (Usado con permiso del Toledo Museo de Arte. Comprado usa los fundos de la Libbey Endowment, la Donación de Edward Drummond Libbey, 1946.5.)

578. ¿Cuál es el origen de la oración del Padre *nuestro*?

Jesús nos enseñó esta insustituible oración cristiana, el *Padre nuestro,* 2759-2760
un día en el que un discípulo, al verle orar, le rogó: «Maestro, ensé- 2773
ñanos a orar» (*Lc* 11, 1). La tradición litúrgica de la Iglesia siempre ha usado el texto de San Mateo (6, 9-13).

«La síntesis de todo el Evangelio»

579. ¿Qué lugar ocupa el Padre *nuestro* en las Escrituras?

El *Padre Nuestro* es «el resumen de todo el Evangelio» (Tertuliano); 2761-2764
«es la más perfecta de todas las oraciones» (Santo Tomás de Aquino). 2774
Situado en el centro del Sermón de la Montaña (*Mt* 5-7), recoge en forma de oración el contenido esencial del Evangelio.

580. ¿Por qué se le llama «la oración del Señor»?

Al *Padre Nuestro* se le llama «Oración dominical», es decir «la oración 2765-2766
del Señor», porque nos la enseñó el mismo Jesús, nuestro Señor. 2775

581. ¿Qué lugar ocupa el Padre *Nuestro* en la oración de la Iglesia?

Oración por excelencia de la Iglesia, el *Padre nuestro* es «entregado» 2767-2772
en el Bautismo, para manifestar el nacimiento nuevo a la vida divina 2776
de los hijos de Dios. La Eucaristía revela el sentido pleno del *Padre nuestro,* puesto que sus peticiones, fundándose en el misterio de la salvación ya realizado, serán plenamente atendidas con la Segunda venida del Señor. El *Padre nuestro* es parte integrante de la Liturgia de las Horas.

«Padre nuestro que estás en el cielo»

582. ¿Por qué podemos acercarnos al Padre con plena confianza?

Podemos acercarnos al Padre con plena confianza, porque Jesús, 2777-2778
nuestro Redentor, nos introduce en la presencia del Padre, y su 2797
Espíritu hace de nosotros hijos de Dios. Por ello, podemos rezar el

Padre nuestro con confianza sencilla y filial, gozosa seguridad y humilde audacia, con la certeza de ser amados y escuchados.

583. ¿Cómo es posible invocar a Dios como «Padre»?

2779-2785 Podemos invocar a Dios como «Padre», porque el Hijo de Dios hecho
2789 hombre nos lo ha revelado, y su Espíritu nos lo hace conocer. La invo-
2798-2800 cación del Padre nos hace entrar en su misterio con asombro siempre nuevo, y despierta en nosotros el deseo de un comportamiento filial. Por consiguiente, con la oración del Señor, somos conscientes de ser hijos del Padre en el Hijo.

584. ¿Por qué decimos Padre «nuestro»?

2786-2790 «Nuestro» expresa una relación con Dios totalmente nueva. Cuando
2801 oramos al Padre, lo adoramos y lo glorificamos con el Hijo y el Espíritu. En Cristo, nosotros somos *su* pueblo, y Él es *nuestro* Dios, ahora y por siempre. Decimos, de hecho, Padre «nuestro», porque la Iglesia de Cristo es la comunión de una multitud de hermanos, que tienen «un solo corazón y una sola alma» (*Hch* 4, 32).

585. ¿Con qué espíritu de comunión y de misión nos dirigimos a Dios como Padre «nuestro»?

2791-2793 Dado que el *Padre nuestro* es un bien común de los bautizados, éstos
2801 sienten la urgente llamada a participar en la oración de Jesús por la unidad de sus discípulos. Rezar el *Padre nuestro* es orar con todos los hombres y en favor de la entera humanidad, a fin de que todos conozcan al único y verdadero Dios y se reúnan en la unidad.

586. ¿Qué significa la expresión «que estás en el cielo»?

2794-2796 La expresión bíblica «cielo» no indica un lugar sino un modo de
2802 ser: Dios está más allá y por encima de todo; la expresión designa la majestad, la santidad de Dios, y también su presencia en el corazón de los justos. El cielo, o la casa del Padre, constituye la verdadera patria hacia la que tendemos en la esperanza, mientras nos encontramos aún en la tierra. Vivimos ya en esta patria, donde nuestra «vida está oculta con Cristo en Dios» (*Col* 3, 3).

LAS SIETE PETICIONES

587. ¿Cómo está compuesta la oración del Señor?

La oración del Señor contiene siete peticiones a Dios Padre. Las tres 2803-2806
primeras, más teologales, nos atraen hacia Él, para su gloria, pues 2857
lo propio del amor es pensar primeramente en Aquel que amamos. Estas tres súplicas sugieren lo que, en particular, debemos pedirle: la santificación de su Nombre, la venida de su Reino y la realización de su voluntad. Las cuatro últimas peticiones presentan al Padre de misericordia nuestras miserias y nuestras esperanzas: le piden que nos alimente, que nos perdone, que nos defienda ante la tentación y nos libre del Maligno.

588. ¿Qué significa «Santificado sea tu Nombre»?

Santificar el Nombre de Dios es, ante todo, una alabanza que reco- 2807-2812
noce a Dios como Santo. En efecto, Dios ha revelado su santo Nombre 2858
a Moisés, y ha querido que *su* pueblo le fuese consagrado como una nación santa en la que Él habita.

589. ¿Cómo se santifica el Nombre de Dios en nosotros y en el mundo?

Santificar el Nombre de Dios, que «nos llama a la santidad» (*1 Ts* 4, 7), 2813-2815
es desear que la consagración bautismal vivifique toda nuestra vida. Asimismo, es pedir que, con nuestra vida y nuestra oración, el Nombre de Dios sea conocido y bendecido por todos los hombres.

590. ¿Qué pide la Iglesia cuando suplica «Venga a nosotros tu Reino»?

La Iglesia invoca la venida final del Reino de Dios, mediante el retorno 2816-2821
de Cristo en la gloria. Pero la Iglesia ora también para que el Reino de 2859
Dios crezca aquí ya desde ahora, gracias a la santificación de los hombres en el Espíritu y al compromiso de éstos al servicio de la justicia y de la paz, según las Bienaventuranzas. Esta petición es el grito del Espíritu y de la Esposa: «Ven, Señor Jesús» (*Ap* 22, 20).

591. ¿Por qué pedimos «Hágase tu voluntad en la tierra como en el cielo»?

2822-2827 La voluntad del Padre es que «todos los hombres se salven» (*1 Tm* 2,
2860 4). Para esto ha venido Jesús: para cumplir perfectamente la Voluntad salvífica del Padre. Nosotros pedimos a Dios Padre que una nuestra voluntad a la de su Hijo, a ejemplo de María Santísima y de los santos. Le pedimos que su benevolente designio se realice plenamente sobre la tierra, como se ha realizado en el cielo. Por la oración, podemos «distinguir cuál es la voluntad de Dios» (*Rm* 12, 2), y obtener «constancia para cumplirla» (*Hb* 10, 36).

592. ¿Cuál es el sentido de la petición «Danos hoy nuestro pan de cada día»?

2828-2834 Al pedir a Dios, con el confiado abandono de los hijos, el alimento
2861 cotidiano necesario a cada cual para su subsistencia, reconocemos hasta qué punto Dios Padre es bueno, más allá de toda bondad. Le pedimos también la gracia de saber obrar, de modo que la justicia y la solidaridad permitan que la abundancia de los unos cubra las necesidades de los otros.

593.¿Cuál es el sentido específicamente cristiano de esta petición?

2835-2837 Puesto que «no sólo de pan vive el hombre, sino de todo lo que sale de
2861 la boca de Dios» (*Mt* 4, 4), la petición sobre el pan cotidiano se refiere igualmente al hambre de la *Palabra de Dios* y del *Cuerpo de Cristo*, recibido en la Eucaristía, así como al hambre del *Espíritu Santo*. Lo pedimos, con una confianza absoluta, para *hoy*, el hoy de Dios: y esto se nos concede, sobre todo, en la Eucaristía, que anticipa el banquete del Reino venidero.

594.¿Por qué decimos «Perdona nuestras ofensas como también nosotros perdonamos a los que nos ofenden»?

2838-2839 Al pedir a Dios Padre que nos perdone, nos reconocemos ante Él
2862 pecadores; pero confesamos, al mismo tiempo, su misericordia, porque, en su Hijo y mediante los sacramentos, «obtenemos la redención, la remisión de nuestros pecados» (*Col* 1, 14). Ahora bien, nuestra

petición será atendida a condición de que nosotros, antes, hayamos, por nuestra parte, perdonado.

595.¿Cómo es posible el perdón?

La misericordia penetra en nuestros corazones solamente si también 2840-2845
nosotros sabemos perdonar, incluso a nuestros enemigos. Aunque 2862
para el hombre parece imposible cumplir con esta exigencia, el corazón que se entrega al Espíritu Santo puede, a ejemplo de Cristo, amar hasta el extremo de la caridad, cambiar la herida en compasión, transformar la ofensa en intercesión. El perdón participa de la misericordia divina, y es una cumbre de la oración cristiana.

596. ¿Qué significa «No nos dejes caer en la tentación»?

Pedimos a Dios Padre que no nos deje solos y a merced de la ten- 2846-2849
tación. Pedimos al Espíritu saber discernir, por una parte, entre la 2863
prueba, que nos hace crecer en el bien, y la *tentación*, que conduce al pecado y a la muerte; y, por otra parte, entre *ser tentado* y *consentir* en la tentación. Esta petición nos une a Jesús, que ha vencido la tentación con su oración. Pedimos la gracia de la vigilancia y de la perseverancia final.

597. ¿Por qué concluimos suplicando «Y líbranos delmal»?

El mal designa la persona de Satanás, que se opone a Dios y que es «el 2850-2854
seductor del mundo entero» (*Ap* 12, 9). La victoria sobre el diablo ya 2864
fue alcanzada por Cristo; pero nosotros oramos a fin de que la familia humana sea liberada de Satanás y de sus obras. Pedimos también el don precioso de la paz y la gracia de la espera perseverante en el retorno de Cristo, que nos librará definitivamente del Maligno.

598. ¿Qué significa el *Amén* final?

> *«Después, terminada la oración, dices: Amén, refrendando por* 2855-2856
> *medio de este Amén, que significa "Así sea", lo que contiene* 2865
> *la oración que Dios nos enseñó»* (San Cirilo de Jerusalén).

Los ángeles son criaturas de Dios. Una parte de ellos permaneció y permanece siempre fiel a Dios, en presencia de Él, a su servicio, al servicio de la Iglesia y unidos con los salvados en la gloria del cielo.

Como en la visión de la escala de Jacob –«he aquí que los ángeles de Dios subían y bajaban por aquella escalera»– (*Gn* 28, 12) los ángeles son dinámicos e incansables mensajeros que unen el cielo con la tierra. Entre Dios y la humanidad no hay silencio e incomunicabilidad, sino dialogo continuo y comunicación incesante. Y los hombres, destinatarios de esta comunicación, deben afinar su sensibilidad espiritual, para escuchar y comprender este lenguaje de los ángeles, que sugieren palabras buenas, sentimientos santos, acciones misericordiosas, comportamientos caritativos y relaciones edificantes.

Es lo que pedimos al ángel de la guarda en la tradicional oración de la piedad católica:

«Ángel de Dios,
que eres mi custodio,
pues la bondad divina me ha encomendado a ti,
ilumíname, guárdame,
defiéndeme y gobiérname.
Amén».

La imagen que aquí figura representa un grupo de ángeles ápteros que rezan cantando. Aparecen revestidos de suntuosos ornamentos sagrados, como indicando que están celebrando una solemne acción litúrgica. Los ángeles, en efecto, además de ser mensajeros de Dios, enviados para anunciar a los hombres la voluntad divina, tienen el oficio de alabar al Señor en la liturgia celestial (cf *Ap* 8, 2)

JAN VAN EYCK, *Ángeles cantores*, Políptico de la Catedral de Gante (Bélgica). (Fotografía por Erich Lessing/Art Resource, NY.)

APÉNDICE

A. ORACIONES COMUNES

B. FÓRMULAS DE DOCTRINA CATÓLICA

A) ORACIONES COMUNES

SEÑAL DE LA CRUZ

En el nombre del Padre
y del Hijo
y del Espíritu Santo. Amén.

SIGNUM CRUCIS

In nómine Patris
et Fílii
et Spiritus Sancti. Amen.

GLORIA AL PADRE

Gloria al Padre
y al Hijo
y al Espíritu Santo.
Como era en el principio,
ahora y siempre,
por los siglos de los siglos. Amén.

GLORIA PATRI

Gloria Patri
et Filio
et Spirítui Sancto.
Sicut erat in princípio,
et nunc et simper
et in sæcula sæculórum. Amen.

AVE MARÍA

Dios te salve, María, llena eres de gracia;
el Señor es contigo.
Bendita Tú eres entre todas las mujeres,
y bendito es el fruto de tu vientre, Jesús.
Santa María, Madre de Dios,
ruega por nosotros, pecadores,
ahora y en la hora de nuestra muerte
Amén.

AVE, MARIA

Ave, María, grátia plena, Dóminus tecum.
Benedícta tu in muliéribus,
et benedíctus fructus ventris tui, Iesus.
Sancta María, Mater Dei,
ora pro nobis peccatóribus,
nunc et in hora mortis nostræ.
Amen.

ANGEL DE DIOS

Ángel de Dios,
que eres mi custodio,
pues la bondad divina me ha encomendado a ti,
ilumíname, guárdame, defiéndeme y gobiérname. Amén.

ANGELE DEI

Ángele Dei,
qui custos es mei,
me, tibi commíssum pietáte supérna, illúmina, custódi,
rege et gubérna.
Amen.

EL ETERNO REPOSO

Dale Señor el descanso eterno.
Brille para él la luz perpetua.
Descanse en paz. Amén.

REQUIEM ÆTERNAM

Réquiem ætérnam dona eis, Dómine,
et lux perpétua lúceat eis.
Requiéscant in pace. Amen.

ÁNGELUS

El ángel del Señor anunció a María.
Y concibió por obra y gracia del Espíritu Santo.
Dios te salve, María...

He aquí la esclava del Señor.
Hágase en mí según tu palabra.
Dios te salve, María...

Y el Verbo de Dios se hizo carne.
Y habitó entre nosotros.
Dios te salve, María...

Ruega por nosotros, Santa Madre de Dios,
para que seamos dignos de alcanzar las promesas de Jesucristo.

Oremos.
Infunde, Señor,
tu gracia en nuestras almas,
para que, los que hemos conocido, por el anuncio del Ángel,
la Encarnación de tu Hijo Jesucristo,
lleguemos por los Méritos de su Pasión y su Cruz,
a la gloria de la Resurrección.
Por Jesucristo Nuestro Señor. Amén.
Gloria al Padre...

ANGELUS DOMINI

Ángelus Dómini
nuntiávit Mariæ.
Et concépit
de Spíritu Sancto
Ave, María …
Ecce ancílla Dómini.
Fiat mihi secúndum
verbum tuum.
Ave, María …
Et Verbum caro factum est.
Et habitávit in nobis.
Ave, María …
Ora pro nobis, sancta Dei génetrix.
Ut digni efficiámur
promissiónibus Christi.

Orémus.
Grátiam tuam, quæsumus,
Dómine, méntibus nostris infúnde;
ut qui, Ángelo nuntiánte,
Christi Fílii tui incarnatiónem
cognóvimus,
per passiónem eius et crucem,
ad resurrectiónis glóriam perducámur.
Per eúndem Christum
Dóminum nostrum. Amen.
Glória Patri …

REGINA CAELI
(EN TIEMPO PASCUAL)

Reina del cielo alégrate;
aleluya.
Porque el Señor a quien has merecido llevar;
aleluya.
Ha resucitado según su palabra;
aleluya.
Ruega al Señor por nosotros;
aleluya.

REGINA CÆLI

Regína cæli lætáre,
allelúia.
Quia quem meruísti portáre,
allelúia.
Resurréxit, sicut dixit,
allelúia.
Ora pro nobis Deum,
allelúia.
Gaude et lætáre, Virgo María,
allelúia.

Gózate y alégrate, Virgen María;
aleluya.
Porque verdaderamente ha
resucitado el Señor;
aleluya.
Oremos.
Oh Dios, que por la resurrección de
tu Hijo, nuestro Señor Jesucristo,
has llenado el mundo de alegría,
concédenos, por intercesión de
su Madre, la Virgen María,
llegar a alcanzar los
gozos eternos.

Por Jesucristo nuestro Señor. Amén.

Quia surréxit Dóminus vere,
allelúia.
Orémus.
Deus, qui per resurrectiónem Fílii
tui Dómini nostri Iesu Christi
mundum lætificáre dignátus es,
præsta, quæsumus, ut per eius
Genetrícem Virginem Maríam
perpétuæ capiámus gáudia vitæ.

Per Christum Dóminum nostrum.
Amen.

SALVE REGINA

Dios te salve, Reina y Madre
de misericordia,
vida, dulzura y esperanza nuestra;
Dios te salve.
A ti llamamos los desterrados hijos
de Eva;
a ti suspiramos, gimiendo y llorando
en este valle de lágrimas.
Ea, pues, Señora, abogada nuestra,
vuelve a nosotros esos tus
ojos misericordiosos;
y después de este destierro,
muéstranos a Jesús,
fruto bendito de tu vientre.
¡Oh, clementísima, oh piadosa, oh
dulce Virgen María!

SALVE, REGINA

Salve, Regína,
Mater misericórdiæ,
vita, dulcédo et spes nostra, salve.
Ad te clamámus,
éxsules filii Evæ.
Ad te suspirámus geméntes et flentes
in hac lacrimárum valle.
Eia ergo, advocáta nostra,
illos tuos misericórdes óculos
ad nos convérte.
Et Iesum benedíctum fructum
ventris tui,
nobis, post hoc exsílium, osténde.
O clemens, o pia, o dulcis
Virgo María!

MAGNIFICAT

Proclama mi alma la grandeza
del Señor,
se alegra mi espíritu en Dios,
mi salvador;
porque ha mirado la humillación de
su esclava.

MAGNIFICAT

Magníficat ánima mea Dóminum,
et exsultávit spíritus meus
in Deo salvatóre meo,
quia respéxit humilitátem
ancíllæ suæ.
Ecce enim ex hoc beátam

Desde ahora me felicitarán todas
las generaciones,
porque el Poderoso ha hecho obras
grandes por mí:
su nombre es santo,
y su misericordia llega a sus fieles
de generación en generación.
Él hace proezas con su brazo:
dispersa a los soberbios de corazón,
derriba del trono a los poderosos
y enaltece a los humildes,
a los hambrientos los colma de bienes
y a los ricos los despide vacíos.

Auxilia a Israel, su siervo,
acordándose de la misericordia
–como lo había prometido a
nuestros padres–
en favor de Abrahán y su
descendencia por siempre.
Gloria al Padre, y al Hijo, y al
Espíritu Santo.

Como era en el principio, ahora
y siempre,
por los siglos de los siglos. Amén.

me dicent omnes generatiónes,
quia fecit mihi magna,
qui potens est,
et sanctum nomen eius,
et misericórdia eius in progénies
et progénies timéntibus eum.
Fecit poténtiam in bráchio suo,
dispérsit supérbos mente cordis sui;
depósuit poténtes de sede
et exáltavit húmiles.
Esuriéntes implévit bonis
et dívites dimísit inánes.
Suscépit Ísrael púerum suum,
recordátus misericórdiæ,
sicut locútus est ad patres nostros,
Ábraham et sémini eius in sæcula.
Glória Patri et Fílio
et Spirítui Sancto.
Sicut erat in princípio,
et nunc et simper,
et in sæcula sæculórum.
Amen.

BAJO TU PROTECCIÓN

Bajo tu amparo nos acogemos,
Santa Madre de Dios;
no deseches las súplicas
que te dirigimos en
nuestras necesidades;
antes bien, líbranos siempre de
todo peligro,
¡Oh Virgen gloriosa y bendita!

SUB TUUM PRÆSIDIUM

Sub tuum præsídium confúgimus,
sancta Dei Génetrix;
nostras deprecatiónes ne despícias
in necessitátibus;
sed a perículis cunctis
líbera nos simper,
Virgo glorióstra et benedícta.

BENEDICTUS

Bendito sea el Señor, Dios de Israel,
porque ha visitado y redimido
a su pueblo,

BENEDICTUS

Benedíctus Dóminus, Deus Ísrael,
quia visitávit
et fecit redemptiónem plebi suæ,

suscitándonos una fuerza
de salvación
en la casa de David, su siervo,
según lo había predicho
desde antiguo
por boca de sus santos profetas.
Es la salvación que nos libra de
nuestros enemigos
y de la mano de todos los que
nos odian;
realizando la misericordia
que tuvo con nuestros padres,
recordando su santa alianza
y el juramento que juró a nuestro
padre Abrahán.

Para concedernos que, libres
de temor,
arrancados de la mano de los enemigos,
le sirvamos con santidad y justicia,
en su presencia, todos nuestros días.

Y a ti, niño, te llamarán profeta
del Altísimo,
porque irás delante del Señor
a preparar sus caminos,
anunciando a su pueblo la salvación,
el perdón de sus pecados.

Por la entrañable misericordia de
nuestro Dios,
nos visitará el sol que nace de lo alto,
para iluminar a los que viven
en tinieblas
y en sombra de muerte,
para guiar nuestros pasos
por el camino de la paz.

Gloria al Padre, y al Hijo, y al
Espíritu Santo.
Como era en el principio, ahora
y siempre,
por los siglos de los siglos. Amén.

et eréxit cornu salútis nobis
in domo David púeri sui,
sicut locútus est per os sanctórum,
qui a sæculo sunt, prophetárum eius,
salútem ex inimícis nostris
et de manu ómnium,
qui odérunt nos;
ad faciéndam misericórdiam
cum pátribus nostris
et memorári testaménti sui sancti,
iusiurándum, quod iurávit
ad Ábraham patrem nostrum,
datúrum se nobis,
ut sine timóre,
de manu inimicórum liberáti,
serviámus illi
in sanctitáte et iustítia coram ipso
ómnibus diébus nostris.
Et tu, puer,
prophéta Altíssimi vocáberis:
præíbis enim ante fáciem Dómini
paráre vias eius,
ad dandam sciéntiam salútis
plebi eius
in remissiónem peccatórum eórum,
per víscera misericórdiæ Dei nostri,
in quibus visitábit nos óriens ex alto,
illumináre his, qui in ténebris
et in umbra mortis sedent,
ad dirigéndos pedes nostros
in viam pacis.
Glória Patri et Fílio
et Spirítui Sancto.
Sicut erat in princípio,
et nunc
et semper,
et in sæcula sæculórum. Amen.

TE DEUM

A ti, oh Dios, te alabamos,
a ti, Señor, te reconocemos.
A ti, eterno Padre,
te venera toda la creación.
Los ángeles todos,
los cielos y todas las potestades
te honran.
Los querubines y serafines
te cantan sin cesar:
Santo, Santo, Santo es el Señor,
Dios del universo.
Los cielos y la tierra
están llenos de la majestad de
tu gloria.
A ti te ensalza el glorioso coro de
los apóstoles,
la multitud admirable de los profetas,
el blanco ejército de los mártires.
A ti la Iglesia santa,
extendida por toda la tierra, te proclama:
Padre de inmensa majestad,
Hijo único y verdadero, digno
de adoración,
Espíritu Santo, Defensor.
Tú eres el Rey de la gloria, Cristo.
Tú eres el Hijo único del Padre.
Tú, para liberar al hombre,
aceptaste la condición humana
sin desdeñar el seno de la Virgen.
Tú, rotas las cadenas de la muerte,
abriste a los creyentes el reino
del cielo.
Tú te sientas a la derecha de Dios
en la gloria del Padre.
Creemos que un día
has de venir como juez.
Te rogamos, pues,
que vengas en ayuda de tus siervos,
a quienes redimiste con tu
preciosa sangre.

TE DEUM

Te Deum laudámus:
te Dóminum confitémur.
Te ætérnum Patrem,
omnis terra venerátur.
Tibi omnes ángeli,
tibi cæli
et univérsæ potestátes:
tibi chérubim et séraphim
incessábili voce proclámant:
Sanctus, Sanctus, Sanctus,
Dóminus Deus Sábaoth.
Pleni sunt cæli et terra
maiestátis glóriæ tuæ.
Te gloriósus
apostolórum chorus,
te prophetárum
laudábilis númerus,
te mártyrum candidátus
laudat exércitus.
Te per orbem terrárum
sancta confitétur Ecclésia,
Patrem imménsæ maiestátis;
venerándum tuum verum
et únicum Fílium;
Sanctum quoque
Paráclitum Spíritum.
Tu rex glóriæ, Christe.
Tu Patris sempitérnus es Fílius.
Tu, ad liberándum susceptúrus
hóminem,
non horruísti Vírginis úterum.
Tu, devícto mortis acúleo,
aperuísti credéntibus regna cælórum.
Tu ad déxteram Dei sedes,
in glória Patris.
Iudex créderis esse ventúrus.
Te ergo quæsumus,
tuis fámulis súbveni,
quos pretióso sánguine redemísti.
Haz que en la gloria eterna

nos asociemos a tus santos.
Salva a tu pueblo, Señor,
y bendice tu heredad.
Sé su pastor
y ensálzalo eternamente.
Día tras día te bendecimos
y alabamos tu nombre para siempre,
por eternidad de eternidades.
Dígnate, Señor, en este día
guardarnos del pecado.
Ten piedad de nosotros, Señor,
ten piedad de nosotros.
Que tu misericordia, Señor,
venga sobre nosotros,
como lo esperamos de ti.
En ti, Señor, confié,
no me veré defraudado
para siempre.

Ætérna fac cum sanctis tuis
in glória numerári.
Salvum fac pópulum tuum, Dómine,
et bénedic hereditáti tuæ.
Et rege eos, et extólle illos
usque in ætérnum.
Per síngulos dies benedícimus te;
et laudámus nomen tuum
in sæculum, et in sæculum sæculi.
Dignáre, Dómine,
die isto sine peccáto nos custodíre.
Miserére nostri, Dómine, miserére nostri.
Fiat misericórdia tua,
Dómine, super nos,
quemádmodum sperávimus in te.
In te, Dómine, sperávi:
non confúndar in ætérnum.

VENI CREATOR

Ven, Espíritu Creador,
visita las almas de tus fieles
llena con tu divina gracia,
los corazones que creaste.

Tú, a quien llamamos Paráclito,
don de Dios Altísimo,
fuente viva, fuego,
caridad y espiritual unción.

Tú derramas sobre nosotros los siete dones;
Tú, dedo de la diestra del Padre;
Tú, fiel promesa del Padre;
que inspiras nuestras palabras.

Ilumina nuestros sentidos;
infunde tu amor en nuestros corazones;
y, con tu perpetuo auxilio,
fortalece la debilidad de nuestro cuerpo.

VENI, CREATOR SPIRITUS

Veni, creátor Spíritus,
mentes tuórum vísita,
imple supérna grátia,
quæ tu creásti péctora.

Qui díceris Paráclitus,
altíssimi donum Dei,
fons vivus, ignus, cáritas,
et spiritális únctio.

Tu septifórmis múnere,
dígitus patérnæ déxteræ,
tu rite promíssum Patris,
sermóne ditans gúttura.

Accénde lumen sénsibus,
infúnde amórem córdibus,
infírma nostri córporis
virtúte firmans pérpeti.

Aleja de nosotros al enemigo,
danos pronto la paz,
sé nuestro director y nuestro guía,
para que evitemos todo mal.

Por ti conozcamos al Padre,
al Hijo revélanos también;
Creamos en ti, su Espíritu,
por los siglos de los siglos

Gloria a Dios Padre,
y al Hijo que resucitó,
y al Espíritu Consolador,
por los siglos de los siglos. Amén.

Hostem repéllas lóngius
pacémque dones prótinus;
ductóre sic te prævio
vitémus omne nóxium.

Per Te sciámus da Patrem
noscámus atque Fílium,
teque utriúsque Spíritum
credámus omni témpore.

Deo Patri sit glória,
et Fílio, qui a mórtuis
surréxit, ac Paráclito,
in sæculórum sæcula. Amen.

VEN SANTO ESPÍRITU

Ven, Espíritu divino,
manda tu luz desde el cielo.
Padre amoroso del pobre;
don, en tus dones espléndido;
luz que penetra las almas;
fuente del mayor consuelo.

Ven, dulce huésped del alma,
descanso de nuestro esfuerzo,
tregua en el duro trabajo,
brisa en las horas de fuego,
gozo que enjuga las lágrimas
y reconforta en los duelos.

Entra hasta el fondo del alma,
divina luz, y enriquécenos.
Mira el vacío del hombre,
si tú le faltas por dentro;
mira el poder del pecado,
cuando no envías tu aliento.

Riega la tierra en sequía,
sana el corazón enfermo,
lava las manchas,
infunde calor de vida en el hielo,

VENI, SANCTE SPIRITUS

Veni, Sancte Spíritus,
et emítte cælitus
lucis tuæ rádium.

Veni, pater páuperum,
veni, dator múnerum,
veni, lumen córdium.

Consolátor óptime,
dulcis hospes ánimæ,
dulce refrigérium.

In labóre réquies,
in æstu tempéries,
in fletu solácium.

O lux beatíssima,
reple cordis íntima
tuórum fidélium.

Sine tuo númine,
nihil est in hómine
nihil est innóxium.

Lava quod est sórdidum,
riga quod est áridum,
sana quod est sáucium.

doma el espíritu indómito,
guía al que tuerce el sendero.

Reparte tus siete dones,
según la fe de tus siervos;
por tu bondad y tu gracia,
dale al esfuerzo su mérito;
salva al que busca salvarse
y danos tu gozo eterno. Amén.

Flecte quod est rígidum,
fove quod est frígidum,
rege quod est dévium.

Da tuis fidélibus,
in te confidéntibus,
sacrum septenárium.

Da virtútis méritum,
da salútis éxitum,
da perénne gáudium. Amen.

ALMA DE CRISTO

Alma de Cristo, santifícame.
Cuerpo de Cristo, sálvame.
Sangre de Cristo, embriágame.
Agua del costado de Cristo, lávame.
Pasión de Cristo, confórtame.
¡Oh, buen Jesús!, óyeme.
Dentro de tus llagas, escóndeme.
No permitas que me aparte de Ti.
Del maligno enemigo, defiéndeme
En la hora de mi muerte, llámame.
Y mándame ir a Ti.
Para que con tus santos te alabe.
Por los siglos de los siglos. Amén.

ANIMA CHRISTI

Ánima Christi, sanctífica me.
Corpus Christi, salva me.
Sanguis Christi, inébria me.
Aqua láteris Christi, lava me.
Pássio Christi, confórta me.
O bone Iesu, exáudi me.
Intra tua vúlnera abscónde me.
Ne permíttas me separári a te.
Ab hoste malígno defénde me.
In hora mortis meæ voca me.
Et iube me veníre ad te,
ut cum Sanctis tuis laudem te in
sæcula sæculórum. Amen.

ACORDAOS

Acordaos, oh piadosísima Virgen María, que jamás se ha oído decir que ninguno de los que haya acudido a tu protección, implorando tu asistencia y reclamando tu socorro, haya sido abandonado de ti. Animado con esta confianza, a ti también acudo, oh Madre, Virgen de las vírgenes, y aunque gimiendo bajo el peso de mis pecados, me atrevo a comparecer ante tu presencia soberana. No deseches mis humildes súplicas, oh Madre del Verbo divino, antes bien, escúchalas y acógelas benignamente. Amén.

MEMORARE

Memoráre, o piíssima Virgo María, non esse audítum a sæculo, quemquam ad tua curréntem præsídia, tua implorántem auxília, tua peténtem suffrágia, esse derelíctum. Ego tali animátus confidéntia, ad te, Virgo Virginum, Mater, curro, ad te vénio, coram te gemens peccátor assísto. Noli, Mater Verbi, verba mea despícere; sed áudi propítia et exáudi. Amen.

ROSARIO

Misterios gozosos

(lunes y sábado)

La encarnación del Hijo de Dios.

1. La visitación de Nuestra Señora a su prima Santa Isabel.
2. El nacimiento del Hijo de Dios.
3. La presentación de Jesús en el templo.
4. El Niño Jesús perdido y hallado en el templo.

Misterios luminosos

(jueves)

1. El Bautismo de Jesús en el Jordán.
2. La autorrevelación de Jesús en las bodas de Caná.
3. El anuncio del Reino de Dios invitando a la conversión.
4. La Transfiguración.
5. La Institución de la Eucaristía.

Misterios dolorosos

(martes y viernes)

1. La oración de Jesús en el huerto.
2. La flagelación del Señor.
3. La coronación de espinas.
4. Jesús con la Cruz a cuestas camino del Calvario.
5. La Crucifixión y Muerte de Nuestro Señor.

Misterios gloriosos

(miércoles y domingo)

1. La Resurrección del Hijo de Dios.
2. La Ascensión del Señor a los cielos.
3. La venida del Espíritu Santo sobre los Apóstoles.
4. La Asunción de Nuestra Señora a los cielos.
5. La coronación de la Santísima Virgen como Reina de cielos y tierra.

ROSARIUM

Mystéria gaudiósa

(in feria secunda et sabbato)

1. Annuntiátio.
2. Visitátio.
3. Natívitas.
4. Presentátio.
5. Invéntio in Templo.

Mystéria luminósa

(in feria quinta)

1. Baptísma apud Iordánem.
2. Autorevelátio apud Cananénse matrimónium.
3. Regni Dei proclamátio coniúncta cum invitaménto ad conversiónem.
4. Transfigurátio.
5. Eucharístiæ Institútio.

Mystéria dolorósa

(in feria tertia et feria sexta)

1. Agonía in Hortu.
2. Flagellátio.
3. Coronátio Spinis.
4. Baiulátio Crucis.
5. Crucifíxio et Mors.

Mystéria gloriósa

(in feria quarta et Dominica)

1. Resurréctio.
2. Ascénsio.
3. Descénsus Spíritus Sancti.
4. Assúmptio.
5. Coronátio in Cælo.

Oración tras el rosario

Ruega por nosotros, Santa Madre de Dios, para que seamos dignos de alcanzar las promesas de Nuestro Señor Jesucristo.

Oremos.
Te pedimos Señor, nos concedas a nosotros tus siervos, gozar de perpetua salud de alma y cuerpo, y por la gloriosa intercesión de la bienaventurada siempre Virgen María, seamos librados de las tristezas presentes y gocemos de la eterna alegría. Por Jesucristo, nuestro Señor. Amén.

Oratio ad finem Roarii dicenda

Ora pro nobis, sancta Dei génetrix.
Ut digni efficiámur promissiónibus Christi.

Orémus.
Deus, cuius Unigénitus per vitam, mortem et resurrectiónem suam nobis salútis ætérnæ præmia comparávit, concéde, quæsumus: ut hæc mystéria sacratíssimo beátæ Maríæ Vírginis Rosário recoléntes, et imitémur quod cóntinent, et quod promíttunt assequámur. Per Christum Dóminum nostrum. Amen.

ORACIÓN DEL INCIENSO (TRADICIÓN COPTA)

Oh Rey de la Paz, danos tu Paz y perdona nuestros pecados. Aleja a los enemigos de la Iglesia y guárdala, para que no desfallezca.

Emanuel, Dios con nosotros, está entre nosotros en la gloria del Padre y del Espíritu Santo.

Bendícenos y purifica nuestro corazón y sana las enfermedades del alma y del cuerpo.

Te adoramos, oh Cristo, con el Padre de bondad y con el Espíritu Santo, porque has venido, nos has salvado.

ORACIÓN DEL ALTAR (TRADICIÓN SIRO-MARONITA)

Queda en paz, oh Altar de Dios. La oblación que hoy he ofrecido sobre ti, sea para la remisión de las culpas y el perdón de los pecados y me alcance estar ante el tribunal de Cristo sin condena y sin confusión. No sé si se me concederá volver a ofrecer sobre ti otro Sacrificio. Protégeme, Señor, y conserva a tu Santa Iglesia, que es camino de verdad y de salvación. Amén.

ORACIÓN POR LOS DIFUNTOS (TRADICIÓN BIZANTINA)

Dios de los espíritus y de toda carne, que sepultaste la muerte, venciste al demonio y diste la vida al mundo. Tú, Señor, concede al alma de tu difunto siervo N., el descanso en un lugar luminoso, en un oasis, en un lugar de frescura, lejos de todo sufrimiento, dolor o lamento.

Perdona las culpas por él cometidas de pensamiento, palabra y obra, Dios de bondad y misericordia; puesto que no hay hombre que viva y no peque, ya que Tú sólo eres Perfecto y tu Justicia es justicia eterna y tu Palabra es la Verdad.

Tú eres la Resurrección, la Vida y el descanso del difunto, tu siervo N. Oh Cristo Dios nuestro. Te glorificamos junto con el Padre no engendrado y con tu santísimo, bueno y vivificante Espíritu.

ACTO DE FE

Dios mío, porque eres verdad infalible, creo firmemente todo aquello que has revelado y la Santa Iglesia nos propone para creer.

Creo expresamente en ti, único Dios verdadero en tres Personas iguales y distintas, Padre, Hijo y Espíritu Santo.

Y creo en Jesucristo, Hijo de Dios, que se encarnó, murió y resucitó por nosotros, el cual nos dará a cada uno, según los méritos, el premio o el castigo eterno.

Conforme a esta fe quiero vivir siempre. Señor, acrecienta mi fe.

ACTUS FIDEI

Dómine Deus, firma fide credo et confíteor ómnia et síngula quæ sancta Ecclésia Cathólica propónit, quia tu, Deus, ea ómnia reveIásti, qui es ætérna véritas et sapiéntia quæ nec fállere nec falli potest.

In hac fide vívere et mori státuo. Amen.

ACTO DE ESPERANZA

Señor Dios mío, espero por tu gracia la remisión de los mis pecados; y después de esta vida, alcanzar la eterna felicidad, porque tú lo prometiste que eres infinitamente poderoso, fiel, benigno y lleno de misericordia. Quiero vivir y morir en esta esperanza. Amen.

ACTUS SPEI

Dómine Deus, spero per grátiam tuam remissiónem ómnium peccatórum, et post hanc vitam ætérnam felicitátem me esse consecutúrum: quia tu promisísti, qui es infiníte potens, fidélis, benígnus, et miséricors.

In hac spe vívere et mori státuo.
Amen.

ACTO DE CARIDAD

Dios mío, te amo sobre todas las cosas y al prójimo por ti, porque Tú eres el infinito, sumo y perfecto Bien, digno de todo amor. En esta caridad quiero vivir y morir.

ACTUS CARITATIS

Dómine Deus, amo te super ómnia et próximum meum propter te, quia tu es summum, infinítum, et perfectíssimum bonum, omni dilectióne dignum. In hac caritáte vívere et mori státuo. Amen.

ACTO DE CONTRICCIÓN

Dios mío, me arrepiento de todo corazón de todos mis pecados y los aborrezco, porque al pecar, no sólo merezco las penas establecidas por ti justamente, sino principalmente porque te ofendí, a ti sumo Bien y digno de amor por encima de todas las cosas. Por eso propongo firmemente, con ayuda de tu gracia, no pecar más en adelante y huir de toda ocasión de pecado. Amén.

ACTUS CONTRITIONIS

Deus meus, ex toto corde pænitet me ómnium meórum peccatórum, éaque detéstor, quia peccándo, non solum pœnas a te iuste statútas proméritus sum, sed præsértim quia offéndi te, summum bonum, ac dignum qui super ómnia diligáris. Ídeo fírmiter propóno, adiuvánte grátia tua, de cétero me non peccatúrum peccandíque occasiónes próximas fugitúrum. Amen.

B) FÓRMULAS DE DOCTRIN CATÓLICA

EL DOBLE MANDAMIENTO DEL AMOR

Amarás al Señor tu Dios con todo tu corazón, con toda tu alma, con toda tu mente.

Amarás al prójimo como a ti mismo.

REGLA DE ORO (MT 7, 12)

Tratad a los demás como queráis que ellos os traten a vosotros.

BIENAVENTURANZAS

Bienaventurados los pobres de espíritu, porque de ellos es el Reino de los cielos

Bienaventurados los mansos, porque poseerán la tierra

Bienaventurados los que lloran, porque serán consolados

Bienaventurados los que tienen hambre y sed de justicia, porque serán saciados

Bienaventurados los misericordiosos, porque alcanzarán misericordia

Bienaventurados los limpios de corazón, porque verán a Dios

Bienaventurados los que trabajan por la paz, porque serán llamados hijos de Dios

Bienaventurados los perseguidos a causa de la justicia, porque de ellos es el Reino de los cielos

Bienaventurados seréis cuando os injurien, os persigan y digan contra vosotros toda clase de calumnias por mi causa.

Alegraos y regocijaos porque vuestra recompensa será grande en el cielo.

LAS TRES VIRTUDES TEOLOGALES

1. Fe
2. Esperanza
3. Caridad

LAS CUATRO VIRTUDES CARDINALES

1. Prudencia
2. Justicia
3. Fortaleza
4. Templanza

LOS SIETE DONES DEL ESPÍRITU SANTO

1. Sabiduría
2. Entendimiento
3. Consejo
4. Fortaleza
5. Ciencia
6. Piedad
7. Temor de Dios

DOCE FRUTOS DEL ESPÍRITU SANTO

1. Amor
2. Alegría
3. Paz
4. Paciencia
5. Longanimidad
6. Bondad
7. Benignidad
8. Mansedumbre
9. Fe
10. Modestia
11. Continencia
12. Castidad

LOS CINCO MANDAMIENTOS DE LA IGLESIA

1. Oír misa entera todos los domingos y fiestas de guadar.
2. Confesar los pecados mortales al menos una vez al año, y en peligro de muerte, y si se ha de comulgar.
3. Comulgar al menos por Pascua de Resurrección.
4. Ayunar y abstenerse de comer carne cuando lo manda la Santa Madre Iglesia.
5. Ayudar a la Iglesia en sus necesidades.

LAS SIETE OBRAS DE MISERICORDIA CORPORALES

1. Visitar y cuidar a los enfermos.
2. Dar de comer al hambriento.
3. Dar de beber al sediento.
4. Dar posada al peregrino.
5. Vestir al desnudo.
6. Redimir al cautivo.
7. Enterrar a los muertos.

SIETE OBRAS DE MISERICORDIA ESPIRITUALES

1. Enseñar al que no sabe.
2. Dar buen consejo al que lo necesita.
3. Corregir al que yerra.
4. Perdonar las injurias.
5. Consolar al triste.
6. Sufrir con paciencia los defectos de los demás.
7. Rogar a Dios por vivos y difuntos.

LOS SIETE PECADOS CAPITALES

1. Soberbia
2. Avaricia
3. Lujuria
4. Ira
5. Gula
6. Envidia
7. Pereza

LOS NOVÍSIMOS

1. Muerte
2. Juicio
3. Infierno
4. Gloria

ABREVIATURAS BÍBLICAS
(en orden alfabético)

Ap	Apocalipsis
Col	Colosenses
1 Cor	1ª Corintios
2 Cor	2ª Corintios
Dt	Deuteronomio
Ef	Efesios
Ex	Éxodo
Ez	Ezequiel
Flp	Filipenses
Ga	Gálatas
Gn	Génesis
Hb	Hebreos
Hch	Hechos
Is	Isaías
Jn	Evang. de Juan
1 Jn	1ª Juan
Lc	Evang. de Lucas
2 M	2º Macabeos
Mc	Evang. de Marcos
Mt	Evang. de Mateo
1 P	1ª Pedro
2 P	2ª Pedro
1 R	1º Reyes
Rm	Romanos
Sal	Salmos
St	Santiago
1 Tm	1ª Timoteo
2 Tm	2ª Timoteo
1 Ts	1ª Tesalonicenses
Tt	Tito

ÍNDICE ANALÍTICO

Los números corresponden a las preguntas del Compendio

T